THROUGH A CHILD'S EYES:
How Classroom Design Inspires Learning and Wonder

儿童视角的
幼儿园班级环境创设

[美] Sandra Duncan, Jody Martin, Sally Haughey 著

马 燕 马希武 译

中国轻工业出版社

图书在版编目（CIP）数据

儿童视角的幼儿园班级环境创设／（美）桑德拉·邓肯（Sandra Duncan），（美）乔迪·马丁（Jody Martin），（美）萨莉·豪伊（Sally Haughey）著；马燕，马希武译. —北京：中国轻工业出版社，2020.3（2024.6重印）

ISBN 978-7-5184-2604-1

Ⅰ. ①儿… Ⅱ. ①桑… ②乔… ③萨… ④马… ⑤马… Ⅲ. ①幼儿园-环境设计 Ⅳ. ①G617

中国版本图书馆CIP数据核字（2019）第186107号

版权声明

Through a Child's Eyes: How Classroom Design Inspires Learning and Wonder
Copyright © 2018 Sandra Duncan, Jody Martin, and Sally Haughey.
Published by Gryphon House, Inc.
All rights reserved. No part of this publication may be reproduced or transmitted in any form or by any means, electronic or technical, including photocopy, recording, or any information storage or retrieval system, without prior written permission of the publisher. Printed in the United States. Every effort has been made to locate copyright and permission information.

责任编辑：王慧超　张天怡　　责任终审：杜文勇
策划编辑：高　君　　　　　　责任校对：刘志颖　　责任监印：吴维斌

出版发行：中国轻工业出版社（北京鲁谷东街5号，邮编：100040）
印　　刷：三河市双升印务有限公司
经　　销：各地新华书店
版　　次：2024年6月第1版第6次印刷
开　　本：710×1000　1/16　印张：13.25
字　　数：80千字
书　　号：ISBN 978-7-5184-2604-1　定价：62.00元
读者热线：010-65181109
发行电话：010-85119832　　010-85119912
网　　址：http://www.chlip.com.cn　　http://www.wqedu.com
电子信箱：1012305542@qq.com
版权所有　侵权必究
如发现图书残缺请拨打读者热线联系调换
240722Y1C106ZYW

译 者 序

窗明几净的办公室、宁静温馨的家、山川秀美的风景区，让身处其中的我们不仅感到身心愉悦，还可以提升工作和生活的质量。关于美好环境的价值，每个人似乎都能直观地感受到。幼儿教育领域的专家、学者和一线教师也普遍认识到环境的价值，幼儿园环境创设已经成为行业内大家比较熟悉的一个话题。但是，不得不说，很多幼儿教育从业者对幼儿园环境创设的认识还局限于"画一画、涂一涂、贴一贴、挂一挂"的层面。如何充分发掘幼儿园环境的价值，仍然是一个摆在大家面前的问题。

"他山之石，可以攻玉。"面对这个问题，我们不妨借鉴一下欧美国家的做法。欧美国家的幼儿教育从业者更早地认识到环境在幼儿教育中的作用，他们的做法和研究成果中包含不少有价值的东西。

作为本书的翻译者，面对一份需要斟酌词句、咬文嚼字的苦差，让我们感到些许安慰的是，我们可以比国内大多数读者更早地看到这些有价值的东西。它促使我们去完成这份搭建语言桥梁的工作。现在，令人比较"痛苦"的书稿翻译工作基本结束，对作品即将面世的美好期待变得充盈起来。此时，我们就好像看到自己的孩子穿好演出服，即将登台演出了。我们可以怀着轻松愉快的心情，以读者、学前教育专业的教师和儿童父母的身份，来与读者朋友分享一下我们对于本书的直观感受。

简单地说,这是一本"有料"的书。为什么说"有料"呢?我们概括了以下几个方面。

一、有情怀

"感动"似乎是我们在读专业书籍时不常有的感受,但本书的很多地方的确让我们感动。例如,本书提出,在教室的入口处放置一张舒适的长凳,不仅方便家长帮助孩子更换鞋子、衣服,还方便亲子告别。有了这张长凳作为"道具",家长的俯身、温情的拥抱,一切都水到渠成,舒服和自然。这样的做法,淋漓尽致地体现了教育者的爱心,体现了他们真正在乎孩子们的感受。

二、有眼光

好的教育书籍不仅着眼当前,还放眼未来。在电子产品充斥生活,信息技术和计算机技术的发展导致生活及工作发生剧变的时代,如何培养身心健康、富有创造力的新一代公民呢?本书极具洞察力地提出了这个前瞻性的问题,并进行了有益的探索。

三、有办法

具体的案例、翔实的指导是本书的又一大"可爱"之处。本书作者不愧是赋有一线教学经验的资深教师,她们给出了详细的操作指南,让有需要的读者可以马上动手做起来。书中丰富的插图将这个优点落到了实处,让本书内容更加直观、明了,大大方便了读者阅读。

最后,我们要回到自己作为译者的身份上来。在翻译本书的过程中,对于一些具有美国特色的装修、装饰材料,我们很难确定它们的名称,于是多次请教美国蒙大拿大学的曹震教授,他不厌其烦,提供了耐心、细致的帮助。在此,我们向他表达真挚的谢意。我们还与曾任教于多所美国学校和幼儿园的蒙台梭利教师刘伟女士进行了多次探讨。此外，山东女子学院的董旭花教授也给予我们热心的指导。在此，我们也一并对她们表示感谢。最后，我们要感谢我们各自的工作单位——山东女子学院和济南大学——一直以来对我们翻译工作的肯定和支持。

马燕　马希武

2019年9月于济南

前　　言

空间的力量很强大。

这一说法会让人的脑海中浮现大峡谷、尼亚加拉大瀑布以及雄伟山脉之上的日落画面——令人心生敬畏和谦卑之情。

那么，我们长时间身处其中的教室、办公室及厨房等日常空间呢？这些空间难道不会对我们产生深远的影响吗？请回想一下小学时的教室，或者祖母家的地下室，或者学骑自行车的那块空地。如果缺少了周围的环境，这些记忆还会完整吗？没有了这些活动场地中的场景、声音和气味，你的记忆还会一样清晰吗？所有这些记忆的共同点在于，它们都是我们孩提时代的亲身经历。正是这些教室、操场和餐厅让我们有了不同的经历，塑造了自我——有些是有益的，另外一些或许不那么有益。在让我们印象最深的地方，是否有一些基本的原则在起作用呢？我们能否通过有目的地设计这些空间来强化学习和记忆呢？答案是肯定的。我们可以设计能够激发儿童的学习及好奇的空间，其关键在于这个空间能够让儿童只是儿童，从而保护童年原有的魅力和奇妙之处。这是幼儿所需要的，也是他们应该享有的空间。

目　　录

第 1 章　空间的力量：理解教室环境创设的重要性　　/1

　　教室环境创设要义　　/2

　　　　要义之一：尊重儿童　　/3

　　　　要义之二：珍视儿童的空间　　/3

　　　　要义之三：推崇空间的灵气　　/4

　　　　要义之四：创造承载平衡与美的岛屿　　/4

　　教室环境的力量　　/5

　　　　环境创设　　/7

第 2 章　儿童的视角　　/11

　　儿童拥有独特的视角　　/11

　　　　儿童以自我为中心　　/12

　　　　儿童不会进行意义推断　　/12

　　　　儿童视野狭窄　　/12

　　儿童的视角不同于成人　　/12

　　有吸引力的教室入口　　/16

　　　　奇趣桌　　/17

　　　　婴儿奇趣垫　　/27

其他策略 / 33

婴儿教室的过渡空间 / 39

    清理杂物 / 39

    添置座椅 / 40

    增加光照 / 40

    添加柔和的声音 / 40

    添加自然艺术材料 / 41

一目了然的室内 / 41

    减少置物架 / 41

    橱柜正面朝前放置 / 42

    增加活动空间 / 42

    用织物界定空间 / 43

    用地毯界定空间 / 43

    整理婴儿室 / 51

脚下的地面 / 51

    学习区域里的地毯 / 52

第3章 设施设备的布局：平衡教室之舟 / 57

发现平衡 / 57

教室之舟的平衡问题 / 58

    家具的平衡 / 59

    家具使用的平衡 / 59

平衡教室之舟的策略 / 60

    平衡婴儿的教室之舟 / 62

教室平衡的类型 / 64

对称平衡　　/ 64

非对称平衡　　/ 65

放射状平衡　　/ 66

第4章　教室环境创设：借他山之石　　/ 69

家具设计师：样式与形状　　/ 70

圆形令人平静　　/ 70

桌子的形状和大小　　/ 72

墙纸设计师：线条　　/ 75

水平线　　/ 75

垂直线　　/ 76

斜线　　/ 77

室内设计师：色彩　　/ 78

生理作用　　/ 78

心理作用　　/ 79

园艺师：自然元素　　/ 81

绿植和鲜花　　/ 88

干花和干绿植　　/ 89

交易站　　/ 90

工作效率专家：参与的价值　　/ 90

谷歌　　/ 91

社区医疗中心　　/ 92

维珍航空公司　　/ 92

食品杂货商：物品摆放　　/ 94

二次陈列　　/ 94

合理划分货架　/ 96

视觉上吸引采购　/ 96

采用货架图　/ 97

延长逗留时间　/ 99

第 5 章　考虑儿童的需求　/ 101

生理需求　/ 102

安全需求　/ 103

归属感和爱的需求　/ 104

自尊和自我实现的需求　/ 104

儿童在教室环境创设中的权利　/ 106

自由活动的权利　/ 106

自主与自立的权利　/ 107

多感官学习的权利　/ 108

独处与社交的权利　/ 109

与同伴、家人和社区联系的权利　/ 110

减少教室中的嘈杂　/ 111

物质环境嘈杂　/ 112

视觉嘈杂　/ 112

视觉思维　/ 113

墙饰　/ 116

展示要有创意　/ 119

重设布告栏　/ 121

天花板的吊饰　/ 125

婴儿室的天花板　/ 128

第 6 章　真实性：将日常物品融入教室环境　/ 131

　　传统材料与真实材料在感官探索中的比较　/ 132
　　　　利用开放性材料增强真实性　/ 136
　　　　培养 21 世纪所需的思维能力　/ 136
　　七种开放性材料　/ 139
　　寻找真实的日常物品　/ 142
　　精心挑选容器　/ 145
　　　　引起儿童注意的容器　/ 147
　　　　方便好用的容器　/ 149
　　　　与活动有关的容器　/ 150
　　　　儿童制作的容器　/ 151
　　利用厨房用具和室内装饰品　/ 154
　　真实的家具　/ 156
　　　　座椅的选择　/ 158

第 7 章　自己动手创设教室环境　/ 161

　　家具的改造和再利用　/ 161
　　　　搜寻真实材料的建议　/ 162

结束语　/ 185
参考文献　/ 187

第 1 章
空间的力量：理解教室环境创设的重要性

　　促使我们将一个地方变为一个特别的地方的催化剂，是我们的深入体验过程。这样的地方是整个环境中有着我们的情感印记的一部分……我们怀念这些牵绊情感的地方。

　　——艾伦·古索（Alan Gussow），《场所感：艺术家与美洲大陆》（*A Sense of Place: The Artist And The American Land*）

有些空间之所以特别，通常是因为我们个人的记忆，例如，我们儿时的家园或者我们坠入爱河的地方。然而，有些空间之所以特别，则是因为它们是为了某些特殊的用途和目的而创建的。图书馆是容纳书籍和其他资料的地方，其目的在于鼓励阅读和提供信息，而自然历史博物馆旨在增进参观者对世界的了解。显然，任何被精心设计过的空间的特点及意图都会影响我们的情绪和行为。无论参观者的年龄大小，在类似西斯廷教堂这样的地方都会肃然起敬。

西斯廷教堂是在梵蒂冈城的一座旧教堂的基础上重新设计修建的，竣工于1481年，因其壁画闻名于世。这里的壁画由包括米开朗琪罗·博那罗蒂（Michelangelo Buonarotti）在内的一批艺术家们创作，其中最为著名的便是米开朗琪罗创作的穹顶壁画。西斯廷教堂的设计旨在激发人们的膜拜之情，它是人们寻求精神慰藉和灵感的圣地。教堂的艺术之美和建筑风格令膜拜者沐浴在静穆、美好与安详的氛围之中。

正如西斯廷教堂的设计是为了实现其目的而有意为之一样，早期教育教室环境的创设也必须目的明确。教室环境要能够促进儿童的成长，让他们成为最好的自己，而要实现这样的促进作用，有目的地创设教室环境就至关重要。孩子们理应拥有精心设计的教室。我们教育儿童的目标是什么？在实现这些目标的过程中，儿童身处的环境如何？儿童活动空间设计的要义是什么？

> 儿童即奇迹。相信每一个儿童都是一个奇迹，这种信念可以改变我们设计儿童保育空间的方式。如果想让奇迹降临到生活中，我们就要让自己和周围的环境做好准备……我们满怀敬畏和感激之情，把创设一个配得上奇迹的地方作为自己的工作！
>
> ——安妮塔·鲁伊·奥尔兹（Anita Rui Olds），作家和设计师

教室环境创设要义

作为早期教育工作者和教育环境设计者，我们必须首先

认真思考如何能够激发儿童的最大潜能，然后才能决定哪种类型的环境可以最有效地支持儿童的发展。对教室环境创设的基本认识是教室环境创设的重要组成部分，有助于儿童充分发挥其最大潜能。

要义之一：尊重儿童

尊重是一个重要的词语，它与尊敬、共情、接纳和耐心相关。以尊重儿童为前提设计的教室，是一种让儿童享有多种选择，获得有意义的经验，

> 儿童是生命发动机的火花塞，是我们最美好事业的动力，是未来希望之所在。
> ——艾娜·休斯（Ina Hughs），《感同身受：做个孩子》(From My Side: Being A Child) 的前言

进行相互尊重的互动、沟通及合作的环境。在这里，儿童被视为重要的、有能力的贡献者。他们的声音都能被听到，想法都能被重视，工作都能得到尊重，并且会被自豪、完整、精心地加以展示。在充满尊重的教室环境中，每一名儿童的语言和文化都会受到尊重，身份得到认同，可以有尊严地活着，其家人也会受到欢迎。最重要的是，尊重儿童意味着给他们机会，让他们成为自己想要成为的人，实现自己的梦想，完成自己的旅程。

要义之二：珍视儿童的空间

很多早期教育者兢兢业业地培育儿童、支持儿童的成长，但是往往没有考虑如何将这种热忱延伸到教室环境中，而且他们培育儿童的热忱要比创设空间的热忱来得更自然一些。如果我们真的相信能够通过环境来尊重儿童，那么我们就必须珍视教

> 作为一种可令人产生幸福感和安全感且具有激励性的推动力，我们非常重视环境的这一作用。
> ——洛里斯·马拉古奇（Loris Malaguzzi），瑞吉欧·艾米利亚教育体系创始人

室里的活动空间。这意味着通过创设环境来保护儿童的本真特质：快乐、追根究底、好奇、嬉闹、天真和愉悦。他们不仅这样看待周围的世界，也这样看待自己。在这样的活动空间里，儿童可以唱歌、跳舞、建造、绘画和分享故事。

要义之三：推崇空间的灵气

所有儿童都十分需要特别的空间。你还记得儿时最喜欢的地方吗？作为幼儿，这些地方令我们感到好奇，让我们着迷。不管这些特别的地方是指用车库里找到的零碎木料搭建的一座堡垒、后院灌木丛下的秘密会面地点，还是指幼儿园教室里的娃娃家，我们都会一次又一次地想回到这些特别的地方。

> 有灵气的空间可以让灵魂鲜活生动。
> ——安妮塔·鲁伊·奥尔兹，《儿童保育中心设计指南》（*Child Care Design Guide*）

我们清楚地记得这些特别的地方中的小细节——场景、气味和质地。拉丁语"genius loci"的意思是"地方的精灵"。安妮塔·鲁伊·奥尔兹在《儿童保育中心设计指南》一书中主张："作为设计者，我们的目标是创造充满自由和快乐的地方，在那里，童年的魅力和神秘可以得到充分地展现。有灵气的地方可以令儿童的灵魂得到满足。"

充满灵气的幼儿园教室的本质是什么？它尊重和鼓励儿童想要发现周围世界的内在动力。这样的空间充满了为促进感官探索而设计的有趣物品，指引着儿童去探究、操作以及与他人进行合作。

要义之四：创造承载平衡与美的岛屿

你是否曾在有水的地方——池塘、小溪、湖泊或者大海——度过一天？是否留意过那里微风吹拂的感觉、水拍打岸边的声音、空气中弥漫着的泥土气味？自然界有一种内在的美和平衡，这深深地打动着我们。美能够带给我们一种安宁和愉悦的感觉，它是我们生活中不可缺少的力量。对美的渴求不局限于成人，美国作家、教育家露丝·威尔逊（Ruth Wilson）认为，幼儿也需要美，并不断地探寻美。

> 当我们感受到美时，就会有一种回家的感觉。
> ——约翰·奥·多诺霍（John O'Donohue），《美：无形的拥抱》（Beauty: The Invisible Embrace）

实际上，儿童不仅需要美，也值得拥有美。儿童应该拥有的不只是教室的墙壁、门、天花板和地板，也不只是有着硬邦邦的地面和布置得千篇一律的房间，以及在市场上购买的塑料玩具和设备。幼儿园教室应该有自然的光线、新鲜的空气、生机盎然的绿植和鲜花。儿童应该得到自然物品，以探索和研究大自然的美好馈赠。富有自然之美的教室可以培养儿童对美的敏感性，让他们更加深入地接触生命的奥妙。

教室环境的力量

教室环境具有强大的影响力，能够给儿童的行为带来积极或消极的影响。教室环境也同样具有促进（或者压制）幼儿的成长和发展的力量。环境明显地影响着儿童与儿童及儿童与成人之间的社交质量。环境如此重要，所以瑞吉欧教育体系的倡导者莱拉·甘迪尼（Lella Gandini）称之为"第三位教师"。教室里可以利用的各类材料（包括家具在内）及其布置方式，都会影响儿童的行动、反应、学习和成长。普拉卡什·奈尔（Prakash Nair）、兰德尔·菲尔丁（Randall Fielding）、杰弗里·拉克尼（Jeffery Lackney）认为，影响儿童发展的力量不仅在于教室环境的布置和材料。在《学校设计的语言：21世纪学校的设计模式》

(*The Language of School Design: Design Patterns for 21st Century Schools*)一书中,他们阐释了如何融合设计者、教师及建筑师的思想,并建议在设计校舍时,要附带套间和工作室,这样小组儿童可以聚集在一起合作和创造;创设灵活的教室环境,以便能够快速地重新布置空间,用以支持学习者不断萌发的兴趣;打通墙壁,让阳光照射进来。

环境有力地影响着我们的感觉、行动以及对世界的反应。不断发展的神经建筑学已经证实,经过周密规划的环境对一个人的幸福感至关重要。有关人的身体和大脑如何对不同的摆放方式、家具、光线及颜色等做出反应的研究已经证实,我们的整体健康和幸福感受到个人空间布局的直接影响。美国哈佛大学设计研究生院教授萨拉·威廉斯·戈德哈根(Sarah Williams Goldhagen)对我们的大脑如何认知周围的环境这一问题进行了研究。在《欢迎来到你的世界:建筑如何塑造我们的情感、认知和幸福》(*Welcome to Your World: How the Built Environment Shapes Our Lives*)一书中,戈德哈根把这个概念称为"具身认知"(embodied cognition)。她认为,环境可以塑造我们的生活,并促使我们以一定的方式思考、行事和感受。其他的研究者,例如,赖卡德·库勒(Rikard Kuller)、塞费丁·贝莱(Seifeddin Bailai)、索比约恩·莱克(Thorbjorn Laike)和布赖恩·迈克尔德斯(Bryan Mikelldes),在关于光线和颜色对成人的情绪的影响的研究中也涉及了具身认知。他们发现,参与者的情绪与他们感知到的光的强度显著相关。当参与者感到光线太暗的时候,他们的情绪就会处于最低点;当他们感到光线恰好时,情绪则处于最高点。然而,当参与者感到光线太强时,他们的积极情绪会有所减退。

同样,美国斯坦福大学资深教授彼得·巴雷特(Peter Barrett)和他的同事也通过研究积极空间的潜在影响,揭示了空间与儿童幸福感之间的关系。许多幼儿还不善于表达自己的感情或者调节自己的身体,因此，创设可以积极影响幼儿的教室环境的责任，便落到了早期教育工作者的肩上。

环境创设

美国特殊儿童理事会早期教育分会（Division for Early Childhood of the Council for Exceptional Children）指出，环境创设涉及空间内的所有因素，包括教师有意地投放、创造、改变或者调整的用以支持儿童学习的各种设备、材料、常规及活动。早在 1969 年，西比尔·克里奇夫斯基（Sybil Kritchevsky）、伊丽莎白·普雷斯科特（Elizabeth Prescott）和李·沃林（Lee Walling）就分析过儿童保育环境，他们认为，教室环境创设会影响儿童和教师的行为及社交互动，并对物理空间的布置和儿童如何在教室中走动、操作材料、与同伴互动进行了观察。克里奇夫斯基、普雷斯科特和沃林的研究表明，精心设计的教室环境如何积极地影响儿童的行为，以及布置不当的环境如何消极地影响儿童的行为和社交互动。

通过改变教室空间，教师既可以实现儿童的学习目标，又可以解决儿童存在的社交和情绪问题。例如，克里奇夫斯基、普雷斯科特和沃林发现，大型游戏设备和过多的家具造成的拥挤会限制儿童在教室里自由走动。教室狭窄导致合作行为和合作性游戏减少，这将阻碍儿童使用学习材料进行学习。挪走不必要的家具和减少置物架的数量可以促进儿童与环境的互动以及与他人形成积极的关系。这项研究揭示了，调整教室空间以适应保教机构中幼儿的需求、能力发展水平及经验的重要性。

当代早期教育专家和研究人员已经证实了克里奇夫斯基、普雷斯科特和沃林的研究结果。例如，埃伦·内夫（Ellen Nafe）的研究发现，从统计学的角度来看，儿童的积极行为与适宜的教室环境创设之间具有显著的相关性。《保育空间，学习的地方：有效的环境》（*Caring Space,*

Learning Places: Children's Environments That Work）的作者吉姆·格林曼（Jim Greenman）宣称，儿童在幼年阶段应该享有为满足其需要和激发其学习而有目的地设计的环境。其他研究者，包括斯蒂芬·拉什顿（Stephen Rushton）和伊丽莎白·拉金（Elizabeth Larkin）主张，我们最重要的任务一定是创设教室环境，以促进有意义的交流和社交行为，因为这两个因素是幼儿学习的真正基础。在《空间体验：以一种新的方式看待和应对我们急剧变化的城市和乡村》（The Experience of Place: A New Way of Looking at and Dealing With Our Radically Changing Cities and Countryside）一书中，作者托尼·希斯（Tony Hiss）说，我们都会有意识或无意识地对生活中的各种地方做出反应。根据希斯的说法，我们花时间停留的地方，对于我们当前的人生状态和未来的人生走向都有着深远的影响。

由于儿童需要在幼儿园教室里度过大量的时光，因此我们必须从不同的视角出发，辩证地思考教室环境创设问题。虽然现在大家普遍认为，教室里家具的布置和学习材料的选择对儿童的成长和发展具有深远的影响，但是我们也常常发现自己过分重视教育管理部门对家具的认证和许可标准，而不太关注教室对幼儿的情感所产生的影响等更重要的因素。

唐·诺曼（Don Norman）是认知科学和设计领域的著名学者，他提出了"反思性设计"（reflective design）这一概念。在他的《好用型设计》（The Design of Everyday Things）一书中，诺曼描述了设计的三个层面：

- **本能层面**（visceral）：事物的外观；
- **行为层面**（behavioral）：人们在设计中所发挥的作用；
- **反思层面**（reflective）：设计的情感影响。

当代艺术家和室内设计专家苏西·弗雷泽（Susie Frazer）运用"反

思"的方法设计家居空间，她在房间中营造平衡和安静的氛围，以帮助儿童和成人展现出良好的自我状态。她通过融入可以激发幸福感的自然元素来实现这一目的，例如，树枝、绿植、中性色调以及流水等。作为早期教育工作者，我们如

> 教室的物理环境和装修风格是儿童学习中重要的非语言因素。
>
> ——塔基马·邦奇·史密斯和路易斯·阿门托（Takiema Bunche Smith & Louise Ammentorp），《从空心砖到积木：在儿童的空间中创造美》(*From Cinder Blocks to Building Blocks: Creating Beautiful Places in Children's Spaces*)

果遵从反思性设计的理念，就不能只注重家具的功能，而要更重视家具在教室里的布置和摆放。在反思性设计实践中，同样重要的是，要致力于设计出美观、对幼儿有积极情感影响的教室空间。

第 2 章
儿童的视角

儿童拥有独特的视角

儿童用不同于成人的视角观察周围的世界，这种独特的视角是由其身高决定的。他们的身体距离地面很近，所以他们常常会发现靠近地面的东西，如人行道裂缝中的蚁丘、落叶下面微微露出的小橡果，或者蒲公英上闪烁的水滴。

儿童以自我为中心

儿童会自然而然地想到自己，想到自己的需要和想法。他们相信世界以他们的感知为中心，每个人都和他们有同样的感觉。因为儿童非常自我，所以他们从自己的角度出发理解不同的情境和事件，很难理解别人的看法，也很难明白别人的想法未必和他们的想法一致。

儿童不会进行意义推断

儿童觉得进行意义推断颇有难度。他们能力有限，无法实现思维上的大幅跳跃。比如，秋天的时候，教师会在天花板上悬挂不同大小、形状和颜色的树叶——有些挂得低，有些挂得高。教师希望儿童能够理解这些悬挂在不同高度的树叶的意义，但是除非儿童有过在秋季观察树叶的经历，否则对他们来说，天花板上悬挂的这些美丽的叶子也只不过是视觉噪声而已。

儿童视野狭窄

儿童看世界的方式与戴着眼罩遮蔽了部分视野的马并无两样。你见过城市公园里的马车吗？这些马的眼睛外围用眼罩遮起来，防止周围发生的情况让马分神。儿童观察世界时视野狭窄，只能看见眼前或者脚下的东西。

儿童的视角不同于成人

让我们来研究一下成人与儿童之间的视角差别。下一页上面的图片是从成人的角度拍摄的。请仔细观察一下，你看到了什么？大多数情况

成人所看到的幼儿园教室

下,你看到了教室中的什么取决于你的身高。作为成人,你很容易看到置物架上的学习材料、置物架顶部的物品和教室的大部分区域。

现在站在同一地点观察教室里的情况——这次从儿童的角度进行观察(见下一页上面的图片)。注意其中的差别,儿童所看到的景象明显不同于成人所看到的,他们只能看到置物架上的学习材料和置物架顶部的少量物品。大多数情况下,儿童无法越过置物架看到别处,或者说看不到教室里的其他地方。所以,儿童在这个观察位置上不会知道这里有哪些游戏的机会。低矮的身高,导致他们的视野受限。

你可能会心存疑惑:为什么要关心儿童的视野?为什么要为了改善儿童的视野而花费时间和精力去重新布置教室?因为这样做的益处颇多。

- **顺利过渡:** 教室入口如果看起来有吸引力,并且让儿童感到自己受

儿童视角的幼儿园班级环境创设

儿童所看到的幼儿园教室

这个游戏用到了湿巾盒的盖子，盖子下面藏着不同质地的材料，如布、毡、人造毛皮，然后用螺丝钉把它们固定到一块胶合板上；孩子们喜欢掀开盖子，触摸不同的质地，寻找质地相匹配材质的材料

到欢迎，就能够帮助他们更容易地融入教室环境。早期教育专家约翰娜·达拉赫（Johnna Darragh）认为，入口处是环境创设的必要部分。达拉赫认为，教室入口处的通道要精心设计，以支持儿童多种多样的兴趣。例如，可以在教室门口放置一些物品供儿童操作，比如，将一些容器盖子或者软木塞堆放在一块小木板上，供幼儿玩盖子游戏；放置各种各样的彩色太阳镜，供幼儿试戴；放置不容易打

在沙子上练习用筷子写汉字和设计图案,多么有趣

利用真实的物品,如沙子、植物、树墩和玻璃珠,促进视觉学习和动觉学习

碎的小镜子,供幼儿欣赏自己的模样。教室环境要能够吸引儿童走进去。

- **拓宽视野:** 改善儿童身处教室中间时的视野,有助于儿童了解教室中他们可利用的潜在条件和机会。
- **专注地投入:** 如果儿童从入口处可以清楚地看到教室里的大部分空间,那么他们就能立刻看到教室里提供的材料。减少了视觉干扰之后,他们会愉快地经过入口走进教室,马上专注地投入到材料和教室环境中。

乔吉特最喜欢蜷缩着身子读书,当从门口看到教室里的阅读区时,她就走进教室,期待读到一本新书,或者读那本她已经读过无数次的、最喜欢的书。当曼纽尔跨过教室的门槛时,他很容易地就看到了他最喜欢的活动——搭积木。在没有家具遮挡的情况下,儿童看到的场景正在召唤他们走进教室,以满足他们的兴趣。幼儿园里,儿童在教室门口、教室内、地面上及墙上看到的景象最为重要。

有吸引力的教室入口

尽管我们不会对门非常关注,但是它确实是生活的重要组成部分。有些门会引起人们的焦虑,比如,通往牙医办公室的门。而当你走近你所喜欢的餐馆的门时,你会感到快乐,口水直流。无论在什么情况下,门都是重要的,因为它可以引导人们从一个地方进入另一个地方,并且影响人们的情绪状态。

教室的门是儿童生活中最有影响力的门之一。教室的门是儿童教育的起点——是动力、好奇心、激励、专注参与、学习和新的友谊开始的地方。在引领儿童从外面的世界进入教室里的世界时,教室的门起到如此重要的作用,所以一定要认真审视从门口可以看到的教室内的场景。从直接站在入口通道的中间开始,目光直视前方,向左看,再向右看,记录你所看到的一切。现在,蹲下来,让你的身体高度与教室里儿童的身高一致,重复刚才环视教室的过程。分别以成人的身高和以儿童的身高看到的结果有何不同?你的成人视野很有可能与儿童视野非常不同。作为成人,你可以看到整个教室中的大部分区域。然而,儿童的视野非常狭窄。把你的双手做成双筒望远镜的样子,架到你的眼前,回到教室门口,再蹲下,通过你的"望远镜"来观看,你看到了什么?这就是儿童进门的时候看到的场景。从这个角度,你可能会看到桌子腿、橱柜的背面、婴儿床、储物柜,以及更多的桌子腿。

现在重新思考一下,你从儿童的角度看到的入口通道。有哪些吸引儿童的场景?在教室的门的另一侧有没有许多充满趣味的和令人惊奇的东西?儿童一进教室时就能看到这些有趣的东西吗?

如果儿童在入口处就可以看到吸引人的场景,儿童就会渴望跨过教室的门槛。为了让儿童很容易地进到教室里,就必须要有一个让他们进去的充分理由。以下是可供参考的策略和需要避免的误区。

奇趣桌

在通往教室的通道附近放一张小桌子,把桌子放在从门口就能看到的位置,这样儿童在进门的时候就可以看清楚上面的物品。

奇趣桌用于吸引儿童进入教室,让他们积极参与,有所发现。布置奇趣桌的目的是激发儿童的兴趣,引起他们对桌上的有趣物品的好奇,以及刺激他们的身心,从而让他们渴望融入教室环境。

设置奇趣桌的时候可以参考以下建议。

- 有目的、有意义地收集、排列和展示材料。不要在桌子上摆满乱七八糟的东西,而是只选择几样材料,有目的地摆放在桌子上的合适位置。使用画架、吸引人的容器以及盘子,巧妙地展示所选择的材料。

儿童受到吸引,主动探究沙子、石子和工具

书写工具引发儿童探索它们的用途

请注意奇趣桌上的这个精致的黄蜂巢

请想象一下儿童用这个纱网和刷子把花瓣磨成碎屑时的兴奋心情

仅仅几颗放在有趣的容器里的石子就可以吸引儿童的注意力，促进儿童的创造性思维能力的发展

儿童聚精会神的状态是显而易见的

- 有目的地选择那些可以令儿童愉悦并且激发其好奇心的材料。选择真实的材料，不要选用塑料仿真制品。提供可进行探索和研究的实物，让儿童获得更多有意义的经验。
- 投放感官探索材料。众所周知，儿童通过动手操作和互动体验来学习，所以奇趣桌要提供能够吸引儿童进行探索活动的材料，这一点非常重要。可以提供诸如树皮、天然海绵、漂流木、毛茸茸的柳芽和柔软的青苔之类的材料。

- 投放新颖别致的材料。儿童持续专注的时间较短。研究显示，如果能够提供新颖的材料，儿童大脑的接受性和专注力会变强。但大脑如果习惯了某个材料、活动或者空间，就会不再注意它的存在，所以人们往往更加关注新的、不一样的想法、信息和物品。神经学家保罗·西尔维亚（Paul Silvia）的重大研究结果表明，要想让材料有趣，就必须保证其新颖性。这些材料可以是儿童以前从未遇到过的，也可以是需要儿童从不同的角度重新审视的熟悉的材料。澳大利亚研究者凯特·里德（Kate Reid）与保罗·西尔维亚的意见一致，她认为，随着时间的推移，有些材料对儿童的吸引力可能会减弱，新颖的材料往往会让儿童持续不断地产生兴趣。例如，探索门把手就是该理论的一个很好的示例。尽管大多数学前儿童经常会遇到并且确实使用过门把手，但是很少有儿童遇到过不安装在门上的把手。为儿童提供一个或多个门把手来摆弄，有助于儿童体验他们所熟悉的材料的另一面。

> 我们的经验已经证实，儿童需要大量的自由：研究和尝试的自由，犯错误的自由，改正错误的自由，选择在哪里以及和谁一起投入自己的好奇心、智慧和情感的自由。儿童需要自由地欣赏他们的双手、眼睛和耳朵所感知到的一切，自由地欣赏不同的形式、材料、声音和颜色。他们需要自由地认知：理性、思想和想象如何创造事物之间不断交织的关系以及如何推动和改变周围的世界。
>
> ——洛里斯·马拉古奇

- 投放自然材料。儿童天生就对自然界感到好奇。自然材料很奇妙，是开放性材料，可以被自由地触摸和操作，而且数量繁多，你可以很容易地为儿童的探索活动收集到无数的自然材料。出去走一走，看看你可以发现什么！

奇趣桌上的有趣物品

- 手动打蛋器
- 树荚
- 带根的绿洋葱
- 手工制作的或者针织的杯垫
- 干秋葵
- 挂在圆环上的各种钥匙
- 聚餐时的公用勺
- 漂流木
- 花边丝带
- 蒲公英
- 木勺
- 小号铰链
- 天然海绵
- 金属小筛子
- 新鲜香草
- 空线轴
- 珊瑚

- 玫瑰花瓣
- 过期的车牌
- 外国的硬币和纸币
- 蛇皮
- 塑封好的蝴蝶标本
- 蜂巢
- 万花筒
- 莲蓬
- 餐巾环
- 贝壳
- 板栗壳
- 麦秸秆
- 带着根和土的草块
- 螺母和垫圈
- 谷穗
- 特别的纽扣
- 松果
- 折扇
- 珍珠项链

- 串珠
- 多刺的仙人掌
- 海玻璃
- 木化石
- 化石
- 幻灯机和幻灯片
- 橙桑
- 照相机
- 桦树皮
- 门把手
- 糕点刷
- 刺槐的豆荚
- 潜望镜
- 树枝上的苔藓
- 毛毛虫*
- 向日葵
- 菠萝上的冠芽

*注：向儿童展示如何轻轻地抚摸毛毛虫，一定要把毛毛虫放回户外。

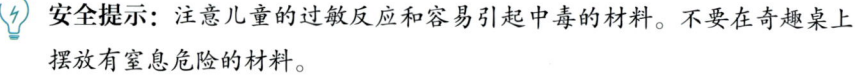

安全提示：注意儿童的过敏反应和容易引起中毒的材料。不要在奇趣桌上摆放有窒息危险的材料。

对儿童来说,探索树荚和种子的质地是有趣的体验

在奇趣桌上投放一堆螺母和螺栓,静待儿童萌生奇妙的创意

贝壳和放大镜可以增加奇趣桌的奇妙感

蛇皮可以引发热烈的讨论和动手学习

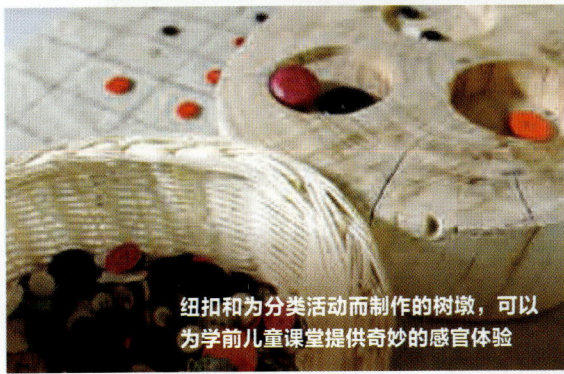

纽扣和为分类活动而制作的树墩,可以为学前儿童课堂提供奇妙的感官体验

在奇趣桌上投放香草可以很好地吸引儿童获得触觉和嗅觉体验

奇趣桌的主题	关注点	示例
自然	观察力	贝壳、石头、树叶、花
机器和齿轮	装置操作能力	螺母和螺栓、齿轮、老式计算器、打字机
开放性材料	搭建能力	线轴、漏斗、纽扣
文化	理解力	来自不同家庭的文化元素
社区	发现能力	来自当地五金店等商业机构的手工艺品
艺术材料	探索能力	黏土、缎带、蜡笔、珠子
大大小小的工具	调查研究能力	打蛋器、电动搅拌器、滴管、厨房秤

在入口处还需要为家长准备桌子。试一试悬浮式壁架吧。在大多数家居用品店里都可以买到，可以很快、很容易地把它挂到入口附近的墙上。尽量使用有边沿的架子，这样放在上面的材料才会更稳固。在悬浮式壁架上展示的物品如下：

- 汇集了儿童参与日常活动的照片的班级剪贴簿；
- 装有儿童美术作品的塑料三环活页夹；

- 儿童及其美术作品的照片，且照片被镶在相框里；
- 广受欢迎的故事书；
- 镶在相框里的一日作息时间表；
- 儿童创作的立体美术作品。要经常变换展示的内容，以引发观看者的兴趣。

如果没有合适的桌子或者足够大的空间，可以试试奇趣篮。一个边沿比较低的中等大小的篮子最合适，因为儿童可以很容易地看清篮子里的东西。为了体现篮子的重要性，可以把它放在一块小地毯上。编织的或者带穗的小地毯看起来更有趣，是很不错的选择。木质餐具垫或者厚实的长条桌布也很好，为了避免它们滑动，可以在餐具垫、长条桌布或者地毯下面放一个粘尘垫。

根据材料的大小决定在奇趣篮里投放材料的数量。请记住，少即是多。你的目的是想让儿童对篮子里的材料感兴趣，产生好奇心。在篮子里投放过多的材料，则容易分散儿童的注意力。为了使儿童好奇，不要投放电子产品或者塑料制品，只投放实物或者真实的材料就好。为了找到真实的材料，可以想一想厨房、海滩、公园、车库或者花园里的东西。

这个想法实施起来并不难。选择兼具视觉质感和动觉质感的材料，以刺激儿童的眼睛、双手和大脑。比如，从旧货商店里找到的可爱的蕾丝杯垫就是放进奇趣篮的好材料。儿童在探究过杯垫之后，可以在教室里找个地方长期地存放杯垫，例如，娃娃家的桌子上或者阅读区的架子上。

安全提示：使用开放性材料时一定要谨慎小心，认真判别，因为可能存有窒息的危险。

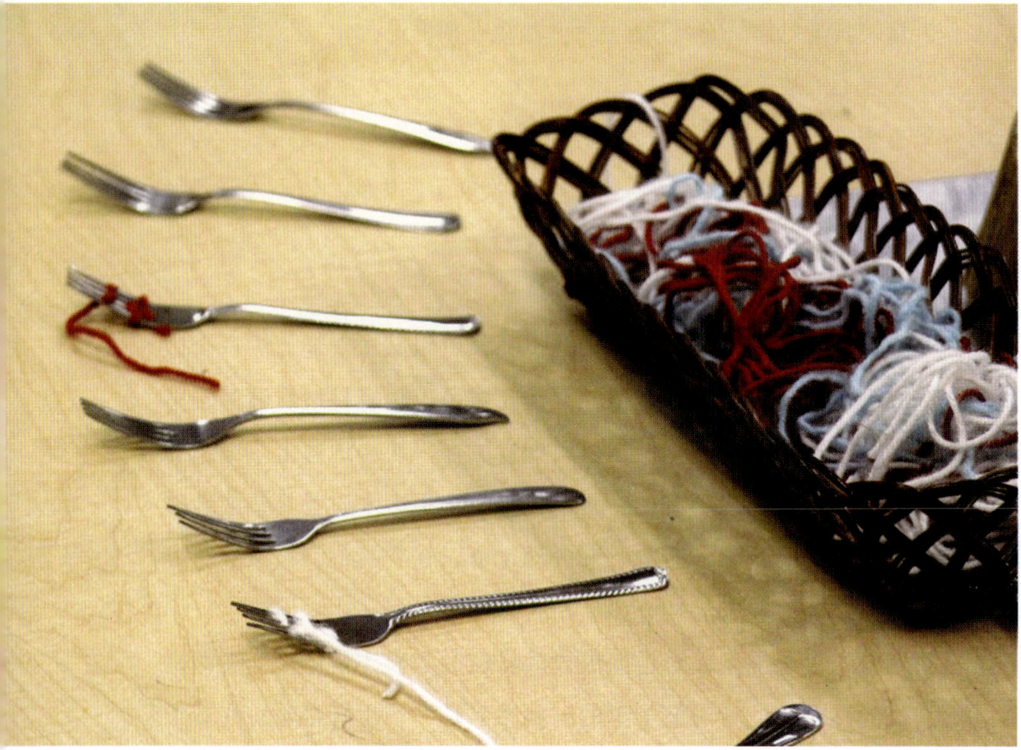

家庭旧货拍卖会是一个极好的机会,在这里可以找到别致的镀银餐具,例如,大号的公用勺或者汤勺。通常,旧的、便宜的餐具会有些因碰撞造成的凸起和裂缝,能够吸引儿童进行观察和触摸。

纺织品商店是发现不同质地的材料的好去处。在放布头的箱子里找

一找不同材质和图案的纺织品或者缎带的余料,例如,毛茸茸的或者带有浮丝、凸起或小窟窿的布料。你可以请儿童的家人捐赠——一定要说清楚,需要的是不同质地的布料。

　　为奇趣篮选择材料的时候,不要忘记嗅觉。可以在篮子里放一束新鲜的薄荷,也可以在浅浅的容器里放一些从花园里拔的罗勒,还可以在一小堆黏土上放一些采自花园或购买的新鲜的迷迭香或薰衣草。有时候,你可以在路边找到迷迭香或者薄荷。选择有香味的材料时,要了解儿童的过敏情况或者其他需要注意的事项。

　　与当地的花商交朋友,他们在插花之后经常剩下鲜花、花茎、花瓣和丝带。这些材料通常会被扔掉,但拿来利用可以为奇趣桌或者奇趣篮增色不少。

　　为了增添一些花样,可以使用有盖子的盒子来装这些材料。儿童总

是喜欢神秘的和令他们感到惊喜的东西，单单为了看到盖子下面有什么特别的东西，他们也会盼望来到教室。

奇趣桌或者奇趣篮吸引儿童调动所有的感官进行探究，有助于培养他们的批判性思维能力和求知欲。在桌子上摆放奇趣的材料，可以鼓励儿童去观察、探索、发现，但需要不间断地寻找材料以丰富奇趣桌。

如果没有可以利用的桌子或者篮子，那么可以尝试把地板当成奇趣空间。例如，运用感官探索桌的桌面、木头小凳子、木质编织垫和一些表现大海的有趣材料在地板上创设海洋主题空间。

婴儿奇趣垫

好奇心是幼儿甚至婴儿共有的特性。制作奇趣垫有助于婴儿有足够多的机会进行探索，观看、感觉和品尝有趣的东西。因为婴儿是通过把东西放进嘴里品尝来学习的，所以投放已消毒的材料（包括垫子）是非常重要的。要使用真实的材料，而不是教室里架子上的塑料玩具。

安全提示：材料要足够大，不存在窒息的危险。垫子可以是木质的餐具垫、洗澡用的小毯子或者淋浴垫。例如，在厨房里可以找到的奇趣材料，包括小型的金属搅拌器、塑料糕点刷和金属漏盆。

个案研究 1

改造之前

在改造之前，当儿童及其家人走进教室的时候，直接呈现在他们面前的是一张桌子、几把黑色的椅子和置物架。但是，桌子和椅子挡住了白色架子上的部分物品，以及后墙靠窗的那张舒适宜人的沙发。

- 儿童看到的是桌子腿。
- 儿童看向自己喜爱的区域时，视线会被挡住一部分。
- 没有设计从外面进入教室的过渡空间。
- 儿童的家人看不到儿童的档案袋。
- 缺少视觉焦点。
- 天花板上分开悬挂着大件物品。
- 垃圾篓位于教室的前面和中间。

改造之前

改造之后

桌子和黑色的椅子被移到了教室的左侧，沙发被搬到了教室的前面，旁边还放了一个从该幼儿园的储藏室里找到的搁脚凳。增添了书桶，里面放满了有趣的故事书。图片右侧的墙上有架子，摆放的是儿童的档案袋，方便儿童及其家人取阅。教师们说，自从重新改造教室之后，这些档案袋经常被浏览。因为这是间低龄儿童的教室，儿童的家人们喜欢坐在搁脚凳上帮助孩子们脱下外套和在分别前拥抱孩子，这样既舒适又方便。离我们最近的左边，未在图中呈现的区域是建构区，这是教室里儿童最喜欢的区域。教室被重新设计之后，儿童一走进教室就可以看到这个建构区。

- 把沙发移到教室的前面，为儿童及其家人创造了一个温馨的空间。教师们说，儿童的家人对档案袋的关注比以前更多。
- 把被闪烁的小灯环绕的树枝悬挂在建构区的上方，让儿童从门口就可以看到，从而创造了一个过渡空间，促使儿童更容易进入教室。
- 窗帘营造了温馨的气氛，是儿童享受独处时光的理想地方。
- 桌子被移到了旁边，有些已经不在儿童的视野中了。

改造之后

个案研究 2

改造之前

　　教室入口通道的三面都有储物柜，所以当儿童走进教室的时候没有感受到任何视觉上的吸引力，他们需要走很多步，然后右拐，才会看到对他们来说有吸引力的东西。左侧和前方的储物柜都靠着墙，右侧的储物柜垂直地横在了通道上，挡住了视线，让儿童一点儿也看不见教室里的场景。而且，当儿童再往前走，经过右侧的储物柜，向右拐，走到教室的主体部分时，他们看到的是狭窄的娃娃家、科学区以及一张放在架子后面的透写桌。即使走过储物柜，儿童也仍然不能完全看到科学区里令他们兴奋的游戏。

- 三组储物柜挡住了儿童的视线，导致他们看不到教室里的场景。
- 儿童经过右边的储物架，向右拐，看到狭窄的娃娃家及其后面的科学区里部分可见的透写桌。
- 从门口看到的是物品保管区，儿童看不到任何有趣的东西，这使得儿童从外面进入教室变得困难。

改造之前

改造之前

改造之后

放在教室门口右侧的储物柜被移走了,因为它不是用来放儿童的私人物品的,本班幼儿不需要这么多的储物柜。这个视觉障碍一旦被移走,教室就变得开阔了。因为无用的储物柜不再遮挡儿童的视线,所以当他们进入教室的时候,一眼就能看到娃娃家。

- 遮挡儿童视线的储物柜没有实际用途,所以被搬走了,这样儿童站在门口时的视野就开阔了。
- 科学区被移到了教室里靠近大窗子的地方,这样可以增加娃娃家的面积。
- 橱柜被挪到了教室的一侧,这样儿童站在门口观看时,视线不再受阻,很容易就能看到教室的中间部分。
- 在这间教室里,因为娃娃家非常受儿童欢迎,所以这个区域被分配了更多的面积。该区域的前面是开放的(没有视觉或者物理障碍),所以儿童非常兴奋地走进教室,开始游戏。
- 挪走入口处的储物柜让娃娃家显露出来,以及自然光线的射入,大大改善了教室环境。

改造之后

- 漂亮的窗子在改造之前的照片中难以被注意到，现在它为科学探究提供了场地。
- 娃娃家显露出来了。置物架放置的位置可以让儿童很容易就能看到橱柜里的东西，橱柜的背面也不再遮挡儿童的视线。靠近窗子的置物架距离墙面有一段距离，这样就创造出进入娃娃家的另一条通道，以免通道拥堵。
- 在两把蓝色椅子中间的临时边桌，其实是一个倒过来的木质篮子。这张特别的桌子成为另一个儿童感兴趣的区域和他们聚会的地方。
- 桌子已经摆好，随时可以进行戏剧表演游戏。儿童一旦结束该区域的游戏，就可以把桌子恢复原状，这有助于提高儿童共同承担整理该区域的责任感。将桌子旁边的木头椅子和起居室里使用的两把蓝色椅子按照一定的角度摆放，可以向儿童发出"欢迎光临"的信息。

改造之后

其他策略

橱柜正面朝前放置

为了让教室的入口处呈现更好的视觉效果，要尽量让橱柜的正面朝前——橱柜里的架子必须与儿童的平视高度保持一致。当看到橱柜的正面时，儿童可以很容易地看到架子上的材料，从而更愿意进入教室。

在右侧的第一张图片上，你可以在教室的入口处看到三个橱柜的背面。尽管教师用海报装饰了橱柜的背面，但是仍然没有任何视觉线索可以表明这些橱柜里放了什么材料，以及这些材料对儿童来说是否有趣。

避免让橱柜的背面朝向入口处

儿童进入教室的时候看到的是桌子腿和椅子腿

挪开教室门口的桌子

为了开展进餐活动和美术活动，教师通常会在瓷砖地面上放置大桌子，因为瓷砖地面易于清理。大多数情况下，教室的入口处使用瓷砖地面，以减少在地毯上留下鞋上的尘土，因此，在教室的入口处摆放大桌子似乎是合理的。然而，在入口处集中摆放桌子会造成令人拘束的环境氛围，无法给儿童或者儿童的家人传递积极的信息。

避免成排摆放桌子

在入口处集中摆放桌子的另一个问题在于，儿童一进教室看到的是大量的桌子腿和桌面，这些不会令儿童感到兴奋或者感兴趣，也不能展现出对儿童的欢迎，或者让儿童愿意从自己的世界过渡到教室中。教室门口应该发出的是邀请的信息："欢迎来到这里！这是为你创设的环境，绝对是你喜欢的地方。"

那么，如果瓷砖地面空间有限，但是你又需要在易于清洗的表面上摆放桌子，该怎么办呢？可以在需求量最大的时段，比如，午餐或者吃点心的时候，确定儿童座位（以及成人座位）的数量后，再估算一下所需的桌子占用的空间。你就会发现，使用此方法能够减少桌子腿的影响。例如，把两张长方形桌子放在一起，摆成正方形，也可以把两张桌子摆成"T"字形或"L"形，还可以把三张桌子摆成"H""I"或"Z"字形。试一试，找到你觉得最实用的摆放方式。

利用置物架间隔桌子

为了减少桌子腿带来的杂乱，尝试使用小型置物架间隔桌子，或者如果空间足够，可以把两个置物架背靠背地放置，这可以让置物架应用于两张单独使用的桌子。例如，一张桌子（与相邻的置物架）既可以作为操作台使用，又可以用作餐桌；第二张桌子（与相邻的置物架）既可以用于美术活动，又可以作为第二张餐桌来使用。

利用舒适的家具遮挡桌子

是否可以利用某种更具人性化特征的家具来遮挡桌子腿呢？例如，也许需要在教室一进门的地方放置置物架，使之直接朝向教室的里面，但因为不想让橱柜的背面朝着儿童，所以可以把奇趣桌和两把椅子紧挨着橱柜背面放置。或者，也可以紧挨着橱柜背面放一张小型的、稳固的长凳，同时添加几个靠枕和一篮子书，为儿童及其家人提供一个一进入教室就可以坐下来交谈的地方，这也是帮助儿童从外面的世界过渡到教室里来的有效方法。最重要的是，桌子腿被隐藏起来了，并为儿童和成人创造了更加私密的、舒适的学习环境。

在这间教室的入口处，一张舒服的沙发以一定的角度被摆放在门口，一块东方风格的地毯与沙发一起构成一个一进教室就可以看见的视觉焦点。一组置物架和一张大桌子被摆放在沙发后面，朝向教室的里面。置物架上的操作材料可以在大桌子上使用，这张桌子也可以作为餐桌使用。沙发起到了遮挡的作用，这样从门口就看不到桌子腿了。儿童喜欢在这里舒舒服服地坐着、读书或者与家人和教师交谈。在这间教室里，儿童的档案袋被放在边沿较浅的悬浮式壁架上，壁架则挂在门口的右侧。教师们说，因为舒适的大沙发为儿童创设了一个可以展示并与他人分享其工作的空间，儿童及其家人对档案袋的兴趣大大提高。

创设舒适的空间

不管是否用于遮挡置物架或者桌子，以为了让儿童及家长有一个可以坐下来交谈的地方为目的而设计的小沙发或者长凳都有助于儿童在入园时比较容易地过渡，因为儿童及其家人在分别之前或许需要更多的依偎和拥抱。就座空间也可以在离园时使用，例如，家长及其孩子浏览一下孩子的档案袋，或者一起读一本小小的故事书，这些对有些家庭非常重要。

如果没有一张舒服的沙发可用呢？也可以利用其他方法创设舒适的空间，例如，可以选用以下物品。

- 豆袋
- 树墩
- 蒲团
- 长凳
- 软垫椅
- 带靠垫的板条箱
- 搁脚凳
- 带靠枕的摇椅
- 躺椅

在教室进门的通道上还有足够的空间再摆放一件家具吗？如果有的话，试试放一块小黑板，用以展示欢迎信息或者当天的活动信息。你也许还想展示儿童在教室里玩游戏的照片。把黑板放在门口附近，这样儿童的家人在进门或者离开的时候就可以看见它。与奇趣桌一样，要确保黑板上的信息和图片新颖、及时。例如，室外下雪的时候，黑板上不能还放着秋叶哦！

谨慎地布置为了履行照管责任而投放的家具

儿童及其家人在进入教室时的感受，很大程度上与教室的布局有关。看到纯粹用于照管儿童的家具，例如，置物柜或者尿布台，并不能引起他们太多的兴奋感。但是，如果感官探索桌被放置在教室一进门的地方，里面装满了浮木、沙和小树枝，那看起来就有趣多了，儿童会因此感到兴奋。

许多教室都有一个在早上入园和下午离园时让家长为儿童签到/签退的地方，这是幼儿园在执行照管任务。通常，为了方便儿童的父母，签到/签退板被放在紧靠教室门口的置物架上。但是，有时候这样做对某些家长来说就有些过于便利了。例如，我们都见过有的妈妈迅速为儿童签退的情形。她推开教室的门，用身体撑着门，为儿童签退，同时呼唤儿童抓紧时间准备离开。在他们一起推门离开之前，你几乎没有时间问声"你好"。你们之间没有时间交谈，没有时间说"再见"。当然，妈妈也没有时间看一看教室里正在进行的令人兴奋的活动。更重要的是，她的孩子也没有时间介绍当天的活动，没有时间讲故事，或者分享当天的收获。为了鼓励儿童的家人在教室里停留，可以考虑把签到/签退的区域改到教室的中间甚至后面区域。这样，家长就不得不穿过教室，在这个过程中，他们也许会看到和听到儿童精彩的活动。

避免高的家具

在靠近教室入口处的地方放置高的家具会妨碍儿童观看教室的内部。如果儿童看不到教室里的场景和材料，他们就没有进入教室看一看的理由，被高高的置物架等家具围在中间的学习区域便不会受到儿童的欢迎。教室，特别是在入口处，应该为儿童提供开阔的视野。

这张照片是以儿童的视角从教室门口拍摄的，表明高的家具阻断了儿童的视线

为了在入口处呈现开阔的效果，一般会把最矮的家具放在教室中间，高一些的家具放在教室的外围，最高的家具靠墙摆放。

不要额外开辟通道

幼儿教师在布置家具的时候习惯于开辟通道，但是这样做无意间就阻挡了儿童的视线。就其定义来讲，通道是指被开辟出来让人从一个地方通往另一个地方的过道。幼儿园的教室不需要专门用于行走的通道，然而，教室里需要有为儿童开展活动和进行工作而设计的区域。通道会占用宝贵的面积，减少可供儿童使用的空间。环顾一下你的教室，尤其

这条通道很单调，缺乏让儿童感到兴奋的东西

是从门口放眼去看，你是否无意间创设了阻碍视线的通道？有没有专门用于行走的地方？如果有，试着消除这样的通道或者把它们融进学习区域，把浪费的空间变成活动中心。

左图，在这间教室的入口处，左边是储物柜，右边是由橱柜形成的一堵墙，从而构成一条进入教室内部空间的过道。课桌和置物架后面的右侧是建构区，这是教室里儿童最喜欢的区域。为了能够看到和进入有趣的建构区，儿童必须沿着这条通道前行，右拐，再右拐，最后才能到达建构区。这条通道很单调，缺乏让儿童感到兴奋的东西，而且它占据了宝贵的空间，且不能用于儿童的活动。

为了消除这条额外的通道，储物柜被挪到了教室最后面左侧的位置，置物架和课桌因为不需要而被搬出了教室，建构区被重新安排到教室最里面右侧的位置，新腾出来的空间用于扩大娃娃家（又一受儿童欢迎的区域）和美术区。

教室门的最重要的任务是帮助儿童从外面的世界过渡到教室里来。欢迎儿童及其家长的过渡区域既会对儿童的行为和行动产生影响，又会让家长感受到吸引力。动脑思考一下，如何把入口通道变成教学和学习的工具，而不仅仅是进出教室的途径。

婴儿教室的过渡空间

在教室门口看到的场景对婴儿来说，并不像对学前儿童那样重要。这是否意味着在教室门口看到的场景对这个年龄阶段的儿童就不重要呢？绝对不是！入口处或入口通道虽然对婴儿不太重要，但是对进入教室的婴儿的父母或者其他照料者相当重要。此处的场景能够传达积极的或者消极的信息，而且我们只有几秒钟宝贵的时间向那些走过通道的人传达积极的信息。

在为婴儿选择保育机构的时候，大多数家庭认为，安全并且有助于婴儿成长的环境位列必要条件之首。据作家、教育学家吉姆·格林曼所说，在描绘完美的婴儿保育机构时，父母们会使用类似"有爱心的保育员""安全的场所"以及"舒适的环境"等词语。实际上，大多数家庭想要为婴儿寻找一个"家外之家"，一个可以令婴儿感到安全、温馨和温暖的地方。如作家、家庭护理专家琳达·阿姆斯特朗（Linda Armstrong）所言："家不仅是一个物理空间，也是当我们想到和自己所爱的人共同生活于其中的时候，那种洋溢在我们心中的感觉。"

为了在婴儿教室里营造温馨、可亲的氛围，需要努力创造一种更加舒适的，或者阿姆斯特朗称之为"家庭式的"儿童保育环境。在创设环境时，以下建议可供参考。

清理杂物

有些教室门口附近的储物柜是嵌入式的，所以要把这些储物柜挪到教室里的其他位置是行不通的。如果你所在的婴儿室也存在此类情况，可以尝试在储物柜顶上放一盏灯、带相框的家庭照片、风景画、有花纹的桌布或者与水有关的摆件。为了保证传递给婴儿家人的是积极的、欢迎的消息，要确保此区域整齐、不凌乱。

添置座椅

在靠近门口的地方，为婴儿的照料者或者家人放置一把摇椅或其他类型的椅子。这里是婴儿与爸爸、妈妈、（外）祖母或者其他照料者拥抱分别的好地方。

增加光照

在靠近门口的地方增加一些光照。在储物柜的顶上放置一盏小台灯，可以增加柔和的氛围，看上去像在家里一样。如果担心它会歪倒，那就选择底座较宽的台灯。你

也可以用螺丝钉把台灯固定在柜顶上，或者使用强力双面魔术贴把台灯固定一下。如果门口附近没有电源插座，那么可以在网上搜索一下用电池供电的台灯。锂电池是可充电电池，可以持续供电10小时，所以不用经常购买新电池。有些台灯配备扬声器，通过蓝牙来控制电源，而且可以与手机、计算机相容；有些灯的灯光是可调的，你可以根据自己想在房间里营造的气氛选择不同颜色的灯光。

添加柔和的声音

小型台式喷泉可以发出令人身心放松的声音。如果没有喷泉，可以

试试用光盘、计算机或者智能手机来播放流水的声音。

添加自然艺术材料

在二手市场或旧货商店里买一幅风景画。选取上面有花、树、高山、河流或者其他自然风光的画。把带相框的画挂在门口附近的墙上，挨着台灯、带相框的家庭照片或者有水的摆件。

一目了然的室内

儿童的另一重要视野是身处教室中间时的视野。设想一下，你正站在教室的正中间，下蹲，直到你的高度和你所照顾的儿童的身高同样高，环顾四周，观察一下。如果你不能很容易地看到大部分区域，那么是时候重新布置家具，改善儿童的视野了。

为了改善儿童的视野，教室需要完全透明。教室环境创设中的"透明"是指，在真正进入学习区域之前，儿童一眼就能看到它。教室环境透明有助于儿童看到这个区域中潜在的游戏机会和令他们感到兴奋的东西，从而提高他们的参与度。儿童如果能够看到学习区域及其周围区域的情况，就能够明白哪些材料可供他们使用，规划游戏的进程，以及寻找场地（或者活动空间）去实施他们的计划。以下策略简单易行，你在创设透明的教室环境时可以参考。

减少置物架

过多的家具是创设透明的幼儿园教室环境的最大障碍。在下页上面的图片中，四个学习区域被七八个置物架间隔开来。因为这些家具，你完全看不出任何一个区域的活动目标。这四个区域分别是建构区、科学区、娃娃家或者其他什么区吗？如果从成人的视角都不能做出判断，儿

置物架太多会阻挡儿童的视线，占用活动空间，令空间显得压抑、局促

童自然更无能为力。

橱柜正面朝前放置

正面朝前的橱柜可以吸引儿童走进学习区域。在这张图片中，儿童从门口看到的是两个橱柜的背面，所以他们看不到柜子里面放的东西。这两个橱柜的高度不同，背面也不一样。从设计的角度来讲，为了实现视觉的连续性，最好选用两个相同的置物架。这一目标很容易实现，因为朝向瓷砖的置物架与左边背朝照相机的置物架一样，所以只需要交换一下两个置物架的位置就好。更好的办法依然是让橱柜的正面朝前，这样儿童从门口或者教室中间的位置就可以看到柜子里面的东西。也可以把橱柜背靠背摆放，这样，一个橱柜朝向教室的里面，另一个朝外，双向摆放橱柜还可以节省出更多的空间，供儿童进出该区域。

增加活动空间

减少置物架的另一个原因是增加儿童的活动面积。置物架占用了宝贵的面积，置物架太多会造成儿童使用面积的减少。当有更多的空间供儿童走动时，他们

> 置物架减少＝活动空间增加

就不太可能在无意间彼此碰撞，或不经意地撞到其他人建构的作品。

用织物界定空间

实现透明效果的方法之一是不使用置物架，而使用其他材料来界定空间。例如，你是否可以如右图所示，在天花板上悬挂一些材料来界定空间呢？为了凸显出这是娃娃家，教师仅使用了三根窗帘杆，把薄薄的窗帘搭在

杆上，然后用钓鱼线把窗帘和杆吊在天花板上。也可以用其他材料代替窗帘杆，如从工艺品商店买到的竹竿，或者暴风雨过后掉落在地上的长树枝。

请注意观察，不止一条路通往这里，所以儿童可以很容易地进出此区域，这样可以避免通道拥堵。同时也要注意，这个区域的正面开放且透明，没有橱柜或者置物架阻挡儿童的视线，所以儿童能够立刻且毫不费力地注意到娃娃家。

用地毯界定空间

通常，教师使用橱柜把自己想要界定的空间围起来。除了使用大量的橱柜，还可以尝试使用地毯来界定学习区域。例如，在教室门口用两个置物架来形成一个建构区，当儿童走进教室的时候，这个区域正对着他们敞开。在建构区的地毯中央放一张建构桌，在桌子下面放一个柳条筐，里面装满农场里的东西，因为儿童最近在一次社区考察活动中参观了一个马厩，并对此产生了兴趣。建构桌很轻，体积也不大，当儿童搭建积木需要更多空间的时候，可以很轻松地把它搬到一旁。

个案研究 3

改造之前

在铺了地毯的地面上,有4个不同的学习区域,包括受儿童欢迎的娃娃家和建构区。这里看起来有10个(或许更多)独立的置物架,儿童走进教室的时候,看到的是这些置物架的背面。

想一想教室里的每一个置物架,向自己提出以下问题:

- 为什么在教室里放这个置物架?它有什么用途?把它放在这里很有必要吗?它被放在最佳位置了吗?

- 有没有置物架阻挡了儿童的视线?如果有,想办法重新摆放这些置物架的位置。可以减少一个架子吗?

- 从儿童的视角,看到的是置物架的背面吗?如果是,怎样调整架子的位置,以便让儿童看到架子上的材料?能否在设法摆放之后,只让架子的末端显露出来呢?

改造之前

改造之后

移走了几个置物架之后,教室变得透明可见。儿童在走进娃娃家之前,就可以注意到这一区域。儿童还能够看到操作区,一块地毯而不是几个置物架界定了它的位置。操作区的后面是建构区,它朝向瓷砖地面的那一面是开放的,儿童只要在面向瓷砖地面的方向就可以注意到这个区域。

改造之后

改造之后

个案研究 4

改造之前

改造之前

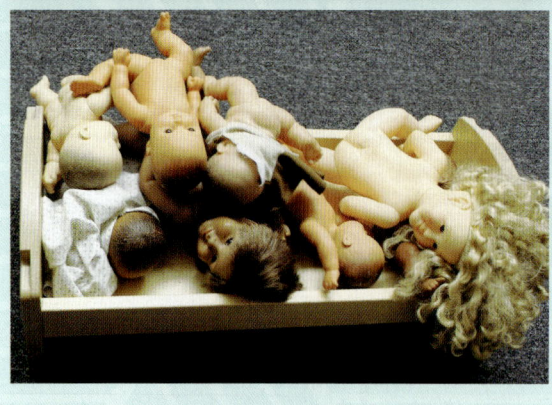

改造之前

教室中间面朝桌子放了两个置物架（见左侧第一张图），大多数有趣的活动都在这两个置物架后面进行。因为架子是正面朝前放置的，所以儿童可以看到置物架上的东西，但是他们看不到架子后面的情况。阅读区、操作区、娃娃家和建构区都被阻挡在视线之外，几乎没有什么东西可以吸引儿童走进教室。

另外，这里的场景看上去非常凌乱。请注意观察橱柜顶上的东西，后面墙上的盒子里也装满了娃娃，靠枕被高高地堆放在墙角里。儿童无法过滤这些视觉刺激，在尝试对这间凌乱的教室进行意义推断的时候，会被搞得晕头转向。我们将在第 5 章深入探究减少凌乱现象的问题。

上面第二张图展示了置物架后面的部分场景。请注意后面的角落，那是阅读区。因为这个区域被置物架和储物柜包围着，出入通道十分狭窄，所以儿童很难看到这个区域里的情况。尽管儿童可以看到那些靠枕，但是够不着它们，因为存放靠枕的架子很高。那把舒适的、有坐垫和靠枕的椅子只有在读书的时候可以坐，但是它被放在了安静的阅读区之外，这就弱化了放置它的目的。教师们说，这个区域很少被利用，其原因也就不难理解了。请看最后面角落里的灰白相间的地毯，地毯很漂亮，但是被家具挡住了。对这个区域来说，这块地毯也太大了一些。

创设娃娃家的目的是让儿童体验现实生活中发生的事情，例如，做饭、收拾餐桌、洗餐具、照看小宝宝。这个区域的学习内容包括理解从事这些工作时的适宜行为。请注意观察上页第三张图片，玩具娃娃被堆放在摇篮里。在现实生活中，我们不会把婴儿塞进篮子里或者堆放在摇篮中，而是温柔、体贴、满怀爱意地照料他们，这也同样适用于教室里娃娃家的游戏活动。

改造之后

之前被遮挡的安静阅读区已经被重新规划和改造。现在，家具摆放的位置让这个空间变得开放、温馨、有吸引力。这里不再是阅读区，而是紧邻娃娃家的起居室。除了之前被放在这个区域外面的那把舒适的椅子，原来放在教室里其他区域的另外一把同样的椅子也被调换到这里。此外，这个区域还增加了许多书和杂志等阅读材料。为了避免高的置物架遮挡儿童的视线，教师从保育中心的储藏室里找来一块地毯，用这块地毯来界定这个区域。请注意观察

改造之后

改造之后

那个宽敞的入口，它可以让儿童注意到这个区域，并且轻松进出。舒适的地毯吸引儿童坐下，家具的布局向儿童发出邀请。那个白色的书架实际上是一个横置的高高的橱柜，它的占地面积比一般书橱小得多，可以节省出更多的活动空间。此外，这个区域里还放着儿童的照片、绿植、柔软的靠枕以及一幅带相框的儿童美术作品；这些使该区域富有个性化，吸引儿童坐下来，或交谈，或读书。

还记得吗？在教室的中间位置，曾经有两个放在地毯上的置物架，它们挡住了儿童的视线，使他们看不到那些有趣的学习区域。现在，这两个架子已经被搬到别处，这样儿童就能够看到娃娃家的正面，以及许多开展精彩游戏的机会。原先后面角落里的大地毯也被向前挪动了一下，用以界定娃娃家。减少置物架的数量，同时利用地毯来界定娃娃家，大大开阔了儿童的视野。

所有家具和地毯都是教师从保育中心的储藏室里找来的。在改造这间教室的时候，教师没有花钱购买任何一件东西。我们可以从这个案例中获得以下经验。

- 置物架曾经正面朝前，被放置在教室中央的位置。这样一来，虽然儿童可以看到架子上的材料，但是架子仍然遮挡了儿童的视线，导致他们看不到教室里大部分区域中的游戏机会。
- 因为娃娃家的正面已经开放且非常透明，所以儿童有许多进出这个区域的路径。
- 架子顶上多数凌乱不堪的物品已经被搬走，所以儿童不必再去滤除这些视觉干扰。

个案研究 5

改造之前

参观这间教室的人会看到一根巨大的柱子和建构区中置物架的背面。没有任何东西可以唤起儿童的兴趣，吸引他们走进教室。

由于架子的摆放方法不当，图片（见右侧第一张图）右下角的开放式空间被白白地浪费了，它唯一的用处就

是进入教室的通道。大多数幼儿园教室的面积都不大，所以每一寸空间都非常宝贵。请注意观察这张图片左上角的窗户，正如你将在下面的图片中看到的那样，它们虽然被置物架挡住了，但是非常重要。

改造之后

置物架被移走了，这样它们就不会阻碍儿童的视线了。建构区被重新安置，现在它位于窗户右侧教室后面的角落里。重新布置建构区令整间教室变得开阔了，许多区域都变得透明起来。柱子成为娃娃家的界定标志，它曾经是儿童在教室内工作

时的障碍,现在它已经与娃娃家的设计浑然一体,并且已经成为儿童进入教室时关注的焦点。

  请注意观察,水池和炉子依照一定的角度摆放,令教室看上去更加温馨,同时吸引儿童来娃娃家游戏。在柱子上挂着一幅画,在冰箱顶上放着一盆绿植,这些让娃娃家看起来更加贴近现实生活,像家一样。

  之前从入口处很难注意到那些漂亮的落地窗,因为它们被建构区的架子挡住了,现在自然光充满了整个房间。消除了仅仅具有通道功能的过道,不再有被浪费的空间,所以儿童可以充分利用可供他们使用的所有空间。

  建构区从教室的前半部分被挪到了后面的角落里。请注意观察,这个区域是开放性的——进出这个区域的路径不止一条。如果儿童需要搭建复杂的积木建筑,可以很轻松地把那张木工桌挪进去,从而扩大建构区的空间。整个建构区与角落形成一定的角度,置物架和地毯也按照这样的角度摆放。以一定的角度布置学习区域可以创造更多的开放空间,增加视觉上的吸引力。

改造之后

整理婴儿室

通常情况下，婴儿室里没有太多的置物架，但是有很多其他占用空间的家具，如摇椅、婴儿床、尿布台、儿童桌椅、爬行垫、高脚椅。有些婴儿室里还有其他的物品，婴儿与学步儿研究专家阿莉西娅·多特塞思-霍尔（Alycia Dotseth-Hall）将这些物品称为"装婴儿的容器"（baby containers），包括婴儿秋千、跳跳椅、学步车，所有这些都会占据宝贵的室内空间。

你或许认为，婴儿并不需要走动的空间，那么问题何在？尽管婴儿不需要走动的空间，但是他们需要趴着的空间。为婴儿趴着玩腾出空间的方法之一就是减少房间内"装婴儿的容器"。这些容器占用了婴儿趴着玩的空间，而且约翰·珀辛（John Persing）与他的同事们的研究表明，装婴儿的容器会对儿童的成长和发展产生不利影响。儿童早期发展专家、作家海迪·默尔科罗夫（Heidi Murkoff）建议，照料者应鼓励婴儿趴着玩，限制"装婴儿的容器"的使用时间，或者限制使用跳跳椅及其他类似设备的时间。

脚下的地面

当我们不熟悉地形或者不确定脚下的情况时，走路就会格外小心，

因为我们不想被绊到或者——最糟糕的情况——摔倒。脚下的视野会告诉我们该如何在这里行动,同样,儿童脚下的视野也会向他们传递重要的信息,告诉他们如何在教室里走动。

那么,儿童脚下的地面是什么样的呢?教室地板上的许多布置"告诉"了儿童走动的方式与地点。例如,在布置橱柜和家具时形成的通道,有利于提醒儿童走动的方向以及走到这个区域的方式。重要的视觉线索也通过地板覆盖物传达给儿童,教室里常见的地板覆盖物包括各式各样的瓷砖与地毯。在有些教室里,地毯分散在各个学习区域。地毯在界定区域、决定儿童走动方式上有重要的作用,所以有必要了解在教室里铺设地毯的目的、地毯的类型和铺设的位置。

学习区域里的地毯

教室里至少有一个学习区域里铺设着地毯,这是司空见惯的布置方式。有些教师认识到了这些地毯的重要性,也有许多教师并没有充分思

铺设这块地毯的目的是界定安静的区域,营造舒适、温馨的感觉

铺设这块地毯的目的是界定安静的区域,但是它的大小和设计风格并没有传递出舒适、温馨的感觉

考过在教室里的学习区域铺设地毯的目的,这也很常见。要发挥其实际效用,教室里铺设的所有地毯必须至少满足以下功能之一:
- 界定区域
- 定位家具
- 营造舒适感

在为学习区域选择地毯的时候,需要考虑地毯的大小、设计风格、形状,及其在教室中铺设的位置。因为区域中的地毯主要作用是界定空间,所以铺设的地毯太大或者太小,传达给儿童的视觉线索会令其疑惑。就像《金发女孩与三只熊》的故事中所说的道理一样,地毯的尺寸要恰到好处。如果是为阅读而创设安静、舒适的区域,那么地毯就应该小一点儿,让儿童在这个区域中坐下来,安静地阅读或者浏览一本故事书。一大块带有明快的图案和鲜艳的颜色的地毯向儿童传递的是活泼的信息。虽然活泼好动是儿童生活的主旋律,但是在一个为安静阅读而设计的区域中鼓励儿童活泼多动,并不适宜。

一般而言,要有目的地选择与某一特定区域相匹配的地毯。有图案装饰的地毯适合铺在娃娃家;有几何图形、花的图案或者东方特色图案的地毯适合铺在厨房区,可以营造家庭气氛;竹席或者有关植物主题的地毯是科学区的极佳选择。

有图案的地毯会干扰儿童的建构活动和创造力。例如,一块印着公路图案的地毯向儿童传递的信息是,在这块地毯上进行的活动应该是在公路上开车。图案繁杂的地毯会干扰儿童的视线。如果把建构桌放在没有图案的表面上,儿童更容易看清桌子上的物品。

针对建构区,应该选择一块单色地毯,上面放一个低矮的木墩。这样一来,儿童就可以轻松地搭建高塔和楼房,不会因为地毯表面凹凸不平而导致他们的建构作品左右摇晃甚至倒塌。

地毯上的图案太多，儿童很难看清放在上面的材料

放在单色桌面上的材料更容易被辨识

在判断地毯的形状是否合适的时候，应该遵循以下指导准则。

- 把长方形地毯铺在角落里。
- 把长方形地毯铺在正方形或者长方形桌子的下面。
- 把圆形地毯铺在圆形桌子下面。
- 把长方形地毯铺在置物架或者橱柜的前面效果最佳，并且地毯的长边要与橱柜或者置物架平行。

在教室里的学习区域铺设地毯的时候，有几个视觉设计技巧可供参考。教师往往习惯于把地毯铺在角落里，让地毯的两条边紧贴住墙。其实，把地毯的两边都拉出1或2英尺①，看起来会显得更宽敞。在墙和地毯之间留出一定的空隙，有助于儿童了解学习区域的起止点。

与其把家具直接放在地毯上，不如试一试让家具距离地毯的边沿1或2英尺那么远。让地毯的边沿和家具之间留出一定的间隙，可以让整个区域看起来更宽敞，同时也提供了另一条进入该区域的通道。铺设长方形地毯时，让地毯与墙角形成一定的角度，可以让这个空间显得更

---

① 1英尺 = 0.3048米。——译者注

大,只要确保地毯附近的家具以相同的角度摆放即可。

地毯是教室环境创设的重要组成部分,能够提供重要的视觉线索,传递出在教室中如何走动的信息。下一次需要一块新地毯的时候,你可以考虑到旧货商店、二手市场或者家居装饰用品商店购买能够满足需要的地毯。

奇妙场景的设计建议

- 在教室入口附近放置一张奇趣桌，摆放一些有趣的手工艺品，引起儿童的注意。
- 依据儿童的平视高度摆放置物架，让儿童一进入教室就能看到架子上的东西。
- 移除位于学习区域正面的置物架（或者视觉障碍），将区域中的场景清晰地展现出来。
- 把最高的家具摆放在房间的外围，以便儿童看清室内的情况。
- 减少置物架，创造更多的走动空间，提高可见度。
- 用地毯代替置物架来界定区域，提高可见度。
- 为每个学习区域留出多个出入口，缓解通道拥堵情况，让儿童更清楚地看到区域内部。

第 3 章

设施设备的布局：平衡教室之舟

发现平衡

平衡无处不在。建筑、数学，甚至汽车轮胎中都存在平衡问题，在自然界中也存在平衡问题。古希腊人在"黄金分割"中发现了美的存在，黄金分割的理念讲求的是中庸之道——既不要太多，也不要太少。

在科学上，一个类似的概念——黄金比例，也频频出现在自然界中。平衡不仅存在于人类的躯体和面部，还存在于贝壳的螺旋线、云朵的形状中，甚至存在于宇宙的圆形轨道上。各部分的比例处于平衡状态，有利于我们的大脑更便捷地处理信息。

教室之舟的平衡问题

登上一条小船绝非易事。你需要小心翼翼地爬上去，以免把小船打翻。首先，屈膝，抓住距离你最近的船舷，把一条腿放到小船的中央，

用另一只手抓住距离你比较远的船舷，然后慢慢地把另一条腿也放进小船。一旦感觉身体平衡了，你就可以坐在小船中央的长凳上了。显然，登上小船需要思考、规划和平衡。

教室环境创设在许多方面与登船颇为相似。平衡的教室环境能够避免这样的事件发生，例如，儿童之间的身体碰撞，儿童一不小心撞倒一幢精致的积木大楼，或者许多儿童挤在一个狭小的空间里，进而发生厮打和争吵。不平衡的教室环境中会有未充分利用的空间、糟糕的交通状况、过多的家具以及无效的设施布局，儿童和教师都不会喜欢这样的环境。改造不平衡的教室环境时，要时刻牢记：平衡设施设备的布局和使用才是问题的解决之道。

家具的平衡

把你的教室想象成一条小船，当然你就是船长，你的任务是通过操控位于船中央的舵来驾驶小船。站在教室的中央，设想把教室分成4个象限：左上、右上、左下、右下。在脑海中想象一下，把放置在教室的左上象限的家具放进小船的左上象限，把放在教室右上象限的家具放进小船的右上象限。继续想象，直到把教室里所有的家具都放进小船里。

小船的平衡将会发生怎样的变化？你的家具放在船头的多还是放在船尾的多？堆放在船左侧的东西是不是比放在右侧的多？是不是因为右侧的家具数量较多，导致船向右侧倾斜？是不是很快就会翻船？小船可能是不平衡的。教师通常让娃娃家和建构区彼此相邻——将它们放在同一象限中，这是造成小船不平衡的潜在原因之一。这两个区域通常有很多家具，例如，娃娃家一般会有冰箱、炉子、水池、食品储藏柜、装扮材料、餐桌和餐椅、熨衣板，等等；建构区通常会有放积木的架子以及其他相关物品，例如，儿童玩建构游戏时用的卡车、小汽车以及路标。

仅仅平衡放置在教室之舟中的家具是不够的，儿童对家具的使用是这个设计难题的另一方面。

家具使用的平衡

在有着良好平衡性的教室环境中，4个象限里的家具以及儿童对家具的使用量都是相近的。娃娃家和建构区通常是非常受儿童欢迎的区域，如果这两个区域都位于教室的右上象限，那么这个空间中不仅会有大量的家具，还会有许多儿童使用这些家具。这会造成活动空间减少，走动的空间受限以及游戏空间狭小，儿童在这些区域发生争吵和出现负面行为也就不难理解了。

平衡4个象限中的家具的使用与平衡家具的布局同样重要。再一次——这一次要在自主游戏时间——站在教室的中央，把教室想象成小船。注意观察所有儿童所在的位置，你面前的人多还是背后的人多？左边的人多还是右边的人多？在一周中，每天都要多观察几次，然后思考一下：如果你的教室是一条小船，它会不会向一边倾斜？会不会失去平衡？

你的教室平衡吗？	是	否
置物架等屏障物是否完全将学习区域包围起来了？		
只有一条进出学习区域的通道吗？这会妨碍儿童在教室里自由走动吗？		
教室里的每一件家具是否都有用处？		
有些区域是否显得很拥挤？		
是否有经常出现负面行为的特定区域？		
教室里是否存在无效区域，如占据了宝贵空间的过道？		
是否有多个受欢迎的区域位于教室的同一象限内？		
集体活动区域是否只在集体活动时间使用？		

如果你对上述表格中的一些问题，甚至所有问题给出的答案是肯定的，那么你的教室之舟可能已经失衡。

平衡教室之舟的策略

勒妮·海斯（Renee Heiss）提出，和谐、流动、平衡是积极向上的教室氛围的基本要素，在为儿童创设最适宜的学习环境的时候，要充分考虑这三个要素。试一试采用下列做法来平衡教室。

- 尽可能在教室的4个象限中布置同样多的家具（或者区角）。
- 考虑每个象限中儿童使用家具的情况，确保家具的使用量在教室中的均衡分布。

- 不要把两个都非常受欢迎的区域安排在同一象限中——特别是那些需要许多家具的区域。
- 如果可以，把两个最受欢迎的区域（或者使用频率高的区域）安排在相对的象限中，例如，一个在左上象限，一个在右下象限。
- 不要创设一天中只在短时间内会使用的区域。例如，为集体活动而设计的区域也可以用于其他区域的活动，比如建构区；用于进餐的桌子也可以用于开展操作活动。

思考一下，每一件家具是否都有必要放在教室里。减少家具的数量不仅有助于平衡教室之舟，还可以为儿童腾出更多的活动空间，让他们在教室里自由地走动。家具太多会令教室狭窄、拥挤，导致儿童的许多行为问题发生。

为了有效地利用教室里的空间，你必须知道儿童如何使用活动空间。早期教育专家弗朗西丝·卡尔森（Frances Carlson）建议，观察儿童在一天中的游戏地点及其在特定区域游戏的时长，然后对区域的使用情况进行评估，并记录儿童的数量以及每个儿童在感兴趣的区域中游戏的时间。

你可能非常清楚儿童在哪些区域活动以及哪个区域最受欢迎，但是通过调查，你会发现有些区域是儿童很少光顾的。如果某个区域未被充分利用，请试着添置一些有趣的新材料来充实一下这个区域，鼓励儿童光顾。另一方面，你通过评估区域使用情况可能会发现，有些儿童会争抢某些区域，例如，戏剧表演游戏区和美术区，所以你可能有必要扩大某些区域的面积，同时缩小其他区域的面积。只有把儿童使用区域的情况同区域的规模匹配起来，才有可能充分利用各个区域，最大限度地使用教室空间。

最重要的是，要对教室环境进行设计，让最大的空间在最长的时间内服务于最多的儿童。一旦教室之舟得到平衡，儿童的幸福感就会增强，行为就会更加规范。你就准备好迎接积极的结果所带来的惊喜吧！

平衡教室之舟的理由

- 减少冲突和负面行为。
- 促进儿童之间的积极互动。
- 增加儿童自由活动的空间。
- 提高整个教室的利用率。
- 减少约束感。

平衡婴儿的教室之舟

平衡婴儿的教室之舟的工作更加复杂。第一个难点在于婴儿床的放置。既要遵守消防和卫生条例，又要把婴儿床摆放到位，这的确是个难题。通常，婴儿床被放在房间的四周——有时候会占据整个房间 30% 的面积——只留下房间中间的空间供婴儿趴着玩。

第二个难点是地面材料。许多婴儿教室会同时使用地毯和瓷砖，分别铺在不同的区域。地面的类型决定了在上面开展的活动类型，其使用方式在很大程度上也被确定了下来。例如，地毯适用于趴着玩的区域，而瓷砖适用于换尿布或者进餐的区域。地毯太多，瓷砖太少，会限制婴儿的活动和空间的平衡使用。当教室里的瓷砖面积太大而地毯面积不足的时候，教室空间也会失衡，这时教师需要使用垫子或者地毯为婴儿创造足够的空间。

其他的难点还包括尿布台、餐桌、高脚椅和低背椅的摆放。它们通常会被放在瓷砖地面上，占据教室中大块的面积，导致区域中的家具太多，只留给照料者或者婴儿很少的走动空间。

最后一个难点被吉姆·格林曼称为"挤成一团",指的是教师和大多数婴儿挤在一起,只能利用有限的空间开展活动。或许这是教室之舟失衡的主要原因,即所有人(甚至是许多玩具或者操作材料)都只能处在同一个象限中。

这些难点都会导致失衡——要么在家具占据的空间方面,要么在家具的使用方面。例如,小餐桌和餐椅占据了大块面积,但每天只是在进餐的时段被使用,偶尔也会在美术体验活动中被使用,其他时间很少被使用。婴儿床的使用也存在类似问题,婴儿床占据了很大空间,但是婴儿待在婴儿床上的时间明显少于在地板上游戏的时间。

右图这间教室里有8个婴儿,他们在一天中的大部分时间里都挤在架子后面的蓝色垫子上。这间教室的环境是不平衡的,大部分可以使用的空间都没有被利用起来。那些蓝绿相间的垫子是专门为两个婴儿铺设的,这两个婴儿

中有一个会爬行,另一个快会爬了。这些垫子占据了地毯区域的大部分空间。攀爬区域只有能够爬上爬下的婴儿才会使用;进餐区(被彩色的垫子挡着)位于远处右侧的瓷砖地面上,儿童只有在进餐的时候才会使用它;玩具架(位于教室的中央)前面的空间也闲置着。

在教室的不同位置重新布置了4个区域之后,儿童可以分别使用不同的区域,整个教室显得平衡多了。

- 有一块垫子被搬到置物架的后面。
- 感官探索桌被放到了摇椅附近。

- 蓝色垫子和攀爬设施都被放在右前方的位置。
- 红绿相间的攀爬区域被移到了教室左前方的位置。

改造之后

一天中的大部分时间里,教师和婴儿有目的地光顾每个区域,让婴儿在不同场景的转换中获得视觉或者触觉的体验。

教室平衡的类型

除了平衡家具和儿童对家具的使用,还可以考虑运用其他方法平衡教室环境,如对称平衡、非对称平衡和放射状平衡。在设计教室环境的时候,可以运用这三种平衡方法。

对称平衡

物体如果沿中央轴能够重合,或者形成镜像,那么就实现了对称平衡。可能是左右(水平方向上的)对称,也可能是上下(垂直方向上的)对称。在下页的三张图片中,当红线两侧的物体完全相同时,就实现了对称平衡。红线代表中央轴，所以它们是水平方向上的对称平衡。实现对称平衡并不难，例如，教师可以通过平衡虚拟红线两侧的物品，实现对称。在右侧第一张图中，需要注意书架、灯、邮筒和儿童作品在红线两边的重复摆放，也要注意，那幅有树的图画需挂在整个设计的中间位置。虽然这个区域摆满了各种材料，但是对称平衡可以帮助儿童处理这些信息。右侧第二张、第三张图中美术区的架子和戏剧表演游戏区也是对称平衡的优秀示例。

非对称平衡

如果虚拟红线两侧的物品具有相等的视觉重量，那么通过平衡虚拟红线两侧的物品就可以实现非对称平衡。非对称平衡主要使用具有相同视觉重量的不同物品来实现红线两侧的平衡。在教室里运用非对称平衡可以增加空间的动感。在下页的第一张图片中，红线两侧保持了水平平衡，但是两侧的物品并不相同——只是重量相近，即红线左侧的五角星与右侧两个三角形的视觉重量相等。

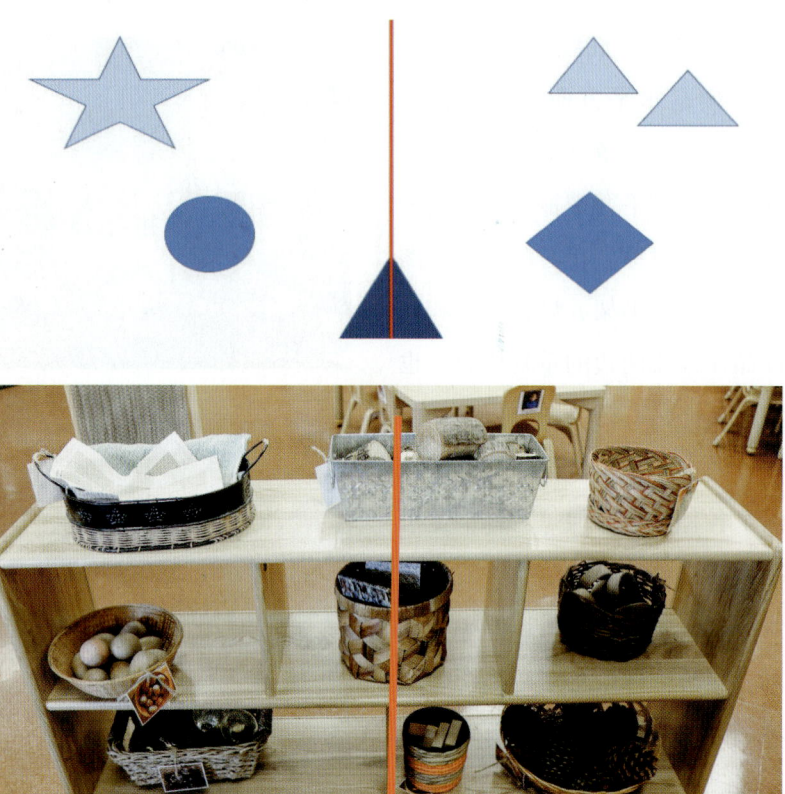

这张图片是非对称平衡的示例，红线两侧物品的视觉重量基本相等

放射状平衡

放射状平衡以一个圆的圆心为基点，例如，科学区的圆桌或者集体活动区域的圆形地毯。使用指南针是理解放射状平衡的最佳方式。指南针的指针从刻度盘的中间伸出来，将家具放在指南针外圆周的点上，可实现放射状平衡。

如下页上面的两张图片所示，所有物品均衡地分布在圆的圆周上。虽然这些物品各不相同，但是每件物品的重量相等，所以它们能够均衡地分布在圆的周围。

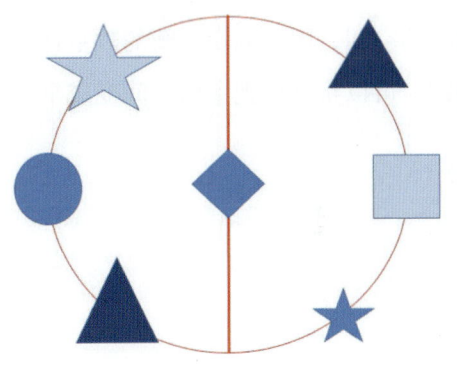 

你也可以采用三分律这一设计法则来实现对称,即把三个物品分别摆放在虚拟红线的两侧,摆在中间的物品是中心点,或者焦点。

根据三分律法则,以奇数数量摆放的物品比以偶数数量摆放的物品更有吸引力。"3"作为一组物品的数量似乎是个神奇的数字,但是5、7、9同样也很神奇。例如,把一个蓝色的小架子放在两个橱柜之间,就遵循了三分律法则。在娃娃家中,运用三分律法则可以很轻松地布置冰箱、水池和炉子等设备。

三角法则也是一种创造平衡的设计技巧。你需要把最大的物品视为焦点(位于红线上),然后在三角形的两侧放置相等视觉重量的物品,从而实现平衡。

每一间幼儿园教室都是忙碌且活跃的空间,因此创设平衡的教室环境极具挑战性,但是运用多种平衡法则,可以帮助你把室内空间变成平衡的教室之舟。

第4章

教室环境创设：借他山之石

　　向他人学习是教育的核心内容。我们向家人、幼儿家长、同事、邻居、朋友及亲戚学习，我们的大部分知识来源于听到、读到及看到的东西；我们也向周围的环境学习，例如，在深海航行的老练的水手知道白浪的出现意味着风速的加快，并根据以往的经验，懂得为迎接大风而调整船帆的重要性；果农通过密切关注果园及其周围的情况，预防病虫害

以及可能出现的自然灾害。我们与水手和果农一样，借助从环境和他人那里获取的信息来了解自己和周围的世界。

在创设教室环境时，我们也可以借鉴别人的设计点子，如让安静的区域远离喧闹的区域、把画架放在水源附近、让建构区远离幼儿走动频繁的空间。这些点子无论源自何人或何处，都要立足于教育视角。

如果我们到其他专业领域去寻找有关教室环境创设的点子，会有什么发现呢？我们可以向室内设计师学习，他可能使用镜子或者小型家具等让小一点的房间显得更大一些，他也有可能在酒店宽敞的大厅里悬挂布艺壁画让大厅显得更加温馨、舒适。或许，我们可以将这一做法运用到教室环境的创设中，利用纺织品使教室空间多几分家的气氛，少一些刻板的气息。聪明的设计师能够协调好空间和家具的关系，从而让使用者感到更加舒适。他们在选择和布置家具时，会有意识地考量选择的对象、摆放的地点及其原因。我们可以向其他领域的专家学习设计和布置幼儿园教室的方法，他山之石，可以攻玉！

家具设计师：样式与形状

设计是一种强大的工具。家具设计师可以教给我们大量关于样式和形状的知识，因为他们懂得设计心理学对人的行为的影响。例如，科学研究已经表明，人们对家具的各种设计元素会做出不同的反应。

圆形令人平静

当你去市场为家里的起居室选购家具时，你是会被边线圆润、令人感到放松的家具吸引，还是会被棱角分明的直线型家具吸引呢？莫希·巴尔（Moshe Bar）和梅塔·妮塔（Maital Neta）以及保罗·西尔维亚和克里斯托弗·巴罗纳（Christopher Barona）等人的研究展现了，人

们对圆形及带棱角的家具和房间布局的不同反应。例如，如果两种形状（弯曲的和带棱角的）的分布都是平衡、对称的，那么更圆润一些的形状要比带棱角的受欢迎。西尔维亚和巴罗纳的有趣研究说明，自由流动的曲线更符合人的思维。根据上述研究，曲线或圆形线条可以让眼睛得到放松，并平衡直线和折线给人的生硬感。而且，与直线（棱角锐利）相比，曲线及圆形线条会对人的情绪和幸福感产生更加积极的影响。以上调查研究的参与者对曲线型家具的风格及布局的反应更强烈，当处于柔和、平滑的曲线环境中时，参与者感到更快乐、平静及放松等。

西尔维亚和巴罗纳的研究的另一个有趣结果显示，相比直线环境和方正的家具，该研究的参与者更愿意接近曲线环境和家具（接近频率较高），而且，处于曲线环境中的参与者更加专注，有更多的相互交谈、积极的肢体语言和更近的社交距离。该研究得出结论，身处曲线环境的参与者心情更加愉悦，社交互动更加频繁。

塞达·戴茨科（Seda Dazkir）和玛丽莲·里德（Marilyn Read）发现，家具的形状和样式对人的情绪具有重要影响，从而证实了西尔维亚和巴罗纳的研究。研究人员模拟了截然不同的室内设计风格：在其中两个环境中放置曲线形（圆润的）家具，在另外两个环境中放置直线形（棱角锐利的）家具。戴茨科和里德发现，圆润型家具环境中的参与者的情绪更加积极愉快，而且更加放松、平和。参与者接近曲线形家具的频率远远高于他们接近棱角分明的家具的频率。研究者认为，当我们身处室内环境时，家具的样式和布局对我们的情绪和反应都有显著的影响。

对幼儿园教室来说，这意味着什么呢？为了创设既有益于儿童的健康又能促进他们社交互动的教室环境，务必要在家具及家具的布局中融入曲线元素。根据设计专家安妮塔·鲁伊·奥尔兹的观点，弧线弯曲度大于90°的环境会吸引我们"在这里安顿下来；然而，尖锐的角看起来冷冰冰的，拒人于千里之外"。

桌子的形状和大小

仔细观察每一间幼儿园教室，你会发现不计其数的棱角分明的家具和材料：储物柜、桌子、窗户、画架、布告栏、墙壁及置物架。其中，桌子是幼儿园教室里最具棱角特征的家具。

幼儿园教室里的桌子的形状和大小非常重要。长方形是教室里桌子的常见形状，特别是在用餐区。长方形桌子之所以受欢迎，或许是因为它可以让多名儿童同时舒适地围坐在桌子旁边，又或许是因为大多数教室面积不大，长方形桌子能更好地利用那些可利用的空间。无论如何，桌子是教室里非常重要的——有时又会被忽略的——元素，影响着儿童的健康和社交发展。

个案研究

改造之前

右图这间教室里到处都是棱角，特别是那些长方形的桌子。请注意观察那些重复出现的长方形，如储物柜、布告栏、儿童制作的长方形字母卡片及置物架的顶部，长方形无处不在。

改造之前

改造之后

用圆桌替换了长方形桌子，圆形的桌面让眼睛感到放松。原来放在布告栏下面的几个置物架被移到了教室的其他位置，这也令人获得了视觉上的放松。拿掉了布告栏里的黑纸，让整个空间变得明亮起来，弱化了长方形对儿童美术作品的影响。

改造之后

请想一想你教室里的桌子。长方形桌子比圆桌多吗？大桌比小桌多吗？或许答案是肯定的。因为把好好的长方形桌子换成圆桌，既不实际又很浪费，所以，可以考虑以其他方式把曲线和柔和的圆形融入教室环境。

形状：圆形的桌子有助于增强儿童的幸福感和专注力。

大小：小一些的桌子有助于促进儿童的社会性发展。

曲线可以伴随其他家具融入教室环境，例如，凳子、椅子、置物架及地毯。以下建议可供参考。

- 找一个小凳子放在阅读区。小凳子既可以增加教室环境中的柔和曲线，也不会占用太多空间，还可以提供一个别致的座位。
- 添置一个圆形的搁脚凳。通常，你可以去家居用品商店购买。搁脚凳比较便宜，尤其是人造革材质的不仅易于清洁，还很耐用。
- 选用椭圆形或者圆形的地毯增加教室环境中的曲线。在娃娃家的桌子下面铺设圆形地毯或者用圆形地毯在教室中央的位置安置家具。使用半圆形的地毯也是一种在教室中融入曲线的方法，因为半圆形的地毯通常面积不大，把它们铺在置物架前面、小号摇椅下面或者娃娃家的厨房水池前面等位置，都会有不错的效果。
- 在教室里添置圆形靠枕，不要使用常见的正方形或长方形的靠枕。

树桩不仅可以用作桌子，还可以用作凳子

有些小凳子是圆形的，可以当作教室里可爱的、特别的座位

将长方形或正方形的靠枕换成圆形的靠枕

许多搁脚凳是圆形的,你可以到家居用品商店购买

把圆形或椭圆形的地毯铺在曲线型家具下面

墙纸设计师:线条

墙纸设计师非常清楚线条的重要性。线条影响人们感知空间的方式,有的线条可以引导人们向上看,有的可以表现动感和方向。线条能够使空间充满使人平静或躁动的力量。一条线可以和另一条线或者更多条线组合,构成简单或复杂的图案。弯弯曲曲的线条传递出混乱或者失控的感觉;波浪线可以表示自由或者连续性,例如,拍打着海岸的海浪;紧致细密的线条则传递出约束感。线条最重要的特性是它的方向,即水平、垂直、弯曲或者倾斜,因为线条的指向性会牵引视线,从而制造视觉焦点。在创设教室环境时,要有意识地关注水平和垂直的线条,不管这些线条是空间中本来就有的,还是后来设置的。

水平线

水平线给人以祥和、安静、悠闲和平稳的感觉,象征宁静的状态。水平线让人感到放松、随意,并且这些线条象征宽度,所以能够从

视觉上拓展空间。

　　运用同等高度的水平线设计的教室环境给人以宽敞、开放的感觉。这些线条可以引导视线，再由眼睛将信息传递给大脑，从而给人一种在无障碍的空间中自由活动的感觉。如果全部储物柜的高度不完全相同，那么可以把部分高度相同的储物柜组合起来，放在特定的空间或学习区域中。例如，在下面的图片中，教室的某些区域里，大多数置物架高度相等，这使得每个学习区域内都形成连续不断的水平线。

垂直线

　　垂直线表示向上延伸，象征着力量及稳定性。垂直线就像地上的一根木桩，可以保持重心不变，所以它们能够

使人产生平稳的感觉。最重要的是，垂直线在我们的视线范围内可以无限延长，创造出视觉上的高度感，从而在视觉上增加了教室的高度（见右图）。另外，这个顶篷也为娃娃家增添了关注的焦点。

斜线

斜线给人以动感和方向感，象征成长。斜线是不平衡的，所以能够给人以躁动不安的感觉，创造不可控制的活力、张力以及兴奋感。斜线也能表现稳定、静止，仿佛在托举着东西或者倚靠在一个垂直的平面上。连接起来的斜线如果指向下方，会给人正在支撑起空间的感觉，使区域显得更明亮，更令人兴奋；斜线指向上方则具有相反的效果，令该区域显得更安静和昏暗。基于以上原因，斜线比水平线或者垂直线更能吸引人们的注意力。在上面的图片中，你可以看到，顶篷上的斜线指向上方，营造了舒适、温馨的氛围。

对幼儿园教室来说，这意味着什么呢？线条的作用的确十分强大，给人以不同的视觉感受。垂直线显得清醒、警觉、严谨、坚定且平稳；水平线显得安定、平静；斜线显得不稳定、活泼。把水平线和垂直线组合起来，得到的是安定和平衡的感觉。在充分利用各种线条的优势创设教室环境时，可以借鉴以下技巧。

- 运用垂直线创造空间的高度感。
- 把具有等高水平面的家具相邻摆放，有助于拓展空间，营造和谐的氛围。请记住，水平线会让视线下移。
- 使用顶端相连的斜线，令空间看起来更舒适，更小巧。
- 使用底端相连的斜线，令空间显得更加明亮，使人感到更加快乐。
- 使水平线连接垂直线，创设更加平衡、安静的空间。

室内设计师：色彩

室内设计师擅长配色，他们了解充分利用色彩的方法，知道色彩如何影响人的情绪和行为。据说，当色彩合适时，人就会有舒畅的心情。例如，美国色彩心理学家、得克萨斯理工大学的克里斯蒂·盖恩斯（Kristi Gaines）和赞恩·柯里（Zane Curry）认为，色彩是教室环境创设的重要元素，因为儿童会在心理和生理两方面对色彩做出回应。色彩的心理作用会令儿童的情绪情感发生重大变化，而色彩的生理作用则会影响儿童的专注程度。

生理作用

凯茜·恩格尔布雷希特（Kathie Engelbrecht）对色彩的生理作用进行的研究表明，当一个人感知到不同的色彩时，某些激素就会被释放到大脑中，从而大大影响人的活力水平、情绪及大脑的灵敏度，例如，红色容易给人过度的刺激，导致心跳加速，血压升高，嗅觉更加灵敏。哈丽·沃尔法思（Harry Wolfarth）与凯瑟琳·萨姆（Catherine Sam）的合作研究发现，环境中色彩的变化，特别是由明亮的色调变成更加柔和、含蓄的色调时，会导致脉搏跳动速度下降，体温降低。普丽蒂·弗吉斯（Preeti Verghese）认为，教室环境设计者应该斟酌室内色彩的使用数量，尤其是三原色——红色、黄色、蓝色——和亮橙色、氖紫色等高强度颜色，因为人脑天生具有建立连接、发现图案、组织视觉信息的功能，儿童学习环境中的色彩过于艳丽会干扰他们的大脑运作。

心理作用

色彩心理学及色彩对人们的心理影响是一个被广泛研究的课题。相关研究已经表明，色彩可以改变人的情绪、活力水平和关注焦点。亚历山大·肖斯（Alexander Schauss）最早提出，罪犯身穿粉色囚服时，他们的情绪会比较平静，暴力行为会减少。色彩心理学家莫顿·沃克（Morton Walker）在其著作《色彩的力量》（*The Power of Color*）一书中表达了他对肖斯的观点的认同，并且援引了几个事例来说明色彩对人的情绪和行为的影响，例如，在被漆成蓝色的体育馆中，举重运动员会有更出色的表现；在黄色的房间里，婴儿哭得更频繁；当把少年犯关进漆成粉红色的羁押室时，他们表现出来的负面行为会有所减少。

科学研究已经证实，有注意力缺失障碍或有感觉统合问题的儿童特别容易受到学习环境中的颜色的影响。克里斯蒂·盖恩斯和赞恩·柯里的研究表明，儿童之所以会做出反应，是因为色彩可以与我们的情绪情感和身体对话。

颜色分为两大类：暖色调和冷色调。索玛·凯莉亚（Soma Kalia）关于颜色及其在室内环境中的效应的研究综述指出，这两类颜色旗鼓相当。它们在环境中具有不同的情感效应，红色、黄色及橙色是暖色，能够令人兴奋；蓝色、绿色及紫色是冷色，使人感到放松和平静。

在观察事物时，颜色是我们首先注意到的要素。每种颜色都有特定的波长，从而影响人的感觉。例如，看到令人平静的颜色，心率会降低；看到令人兴奋的颜色，心率会加快。有感觉统合问题的儿童看到冷色，会感觉更舒服一些。罗·洛格里波（Ro Logrippo）在《在我的世界里：为儿童创设生活和学习环境》（*In My World: Designing Living and Learning Environments for The Young*）一书中指出，活泼好动的儿童遇到冷色时，心情会更放松；不太积极主动的儿童更喜欢暖色。此外，儿童似乎有明显的颜色偏好。克丽丝·博亚特齐斯（Chris Boyatzis）和里努·瓦格赫塞（Reenu Varghese）对儿童的情绪与颜色的关系展开了调查。他们分别询问了年龄在5—6.5岁的30名女孩和30名男孩。他们向儿童展示了9种颜色，每次出示一种，并且问他们："看到这种颜色，你有什么感觉？"无论年龄大小，儿童都能够用语言表达个人的喜好，把特定的颜色与积极或消极的情绪联系起来。总体来说，当呈现深一些的颜色——黑色和棕色——时，儿童表达出消极情绪，而对粉红色和蓝色等明亮的颜色做出积极的反应。换句话说，儿童对颜色有所偏好，他们的这种偏好与积极或消极情绪密切相关。

对幼儿园教室来说，这意味着什么呢？为了把教室打造得更具吸引力，色彩起到至关重要的作用。不仅如此，色彩还有其他功用，例如，吸收或反射光线，改变人们对房间大小的看法，以及影响人们的心情。儿童早期教育专家索尼·瓦桑达尼（Sony Vasandani）认为，色彩可以引发积极或消极情绪，相应地也会影响儿童的行为、心情，最终影响他们的学习。在粉刷教室墙面时，以下建议可供参考。

- 明亮的颜色通常给予人过度的刺激。
- 深颜色令面积不大的房间看上去显得更小。
- 家具的中性色调有助于营造自然、宁静的氛围。
- 纯白色能够反射光线，有时可能很刺眼。
- 蓝绿色和蓝紫色都是令人感到舒服、放松的颜色。
- 柔和的黄色被视为欢快的颜色，众所周知，它还可以刺激大脑的活动。
- 红色使人心率加快，增强兴奋感，提高活动水平。
- 亮橙色令人感到苦恼、沮丧。

那么，基本色（三原色）的家具怎么办呢？许多教室里配备了此类家具。尽管中性色调有助于营造更加自然、宁静的氛围，但大多数人都没有足够的财力再去购买全新的橡木色或者浅色家具。怎样做才能使教室环境看起来更加素净呢？请参考以下建议。

- 如果教室里的椅子颜色不同，就把颜色相近的椅子放在一起。例如，把红色椅子都放在一张桌子下面，把黄色椅子都放在另一张桌子下面。
- 如果地毯是彩色的，试试把它反过来铺。地毯的反面是中性色调的吗？把它铺在娃娃家是否会让儿童感到舒服呢？
- 把颜色相近的置物架摆放在同一个学习区域。例如，可以把绿色置物架摆在科学区，把黄色置物架摆在戏剧表演游戏区。
- 在教室里摆放绿植，往往可以令教室中的基本色显得柔和一些。
- 如果娃娃家的桌子是基本色的，那么用一张中性色调的桌布把桌面盖住。至于基本色的椅子，则可以用中性色调的沙发套把椅背罩起来，有时候也可以用枕套来套椅背。
- 如果教室里有基本色的靠枕，请缝制中性色调的新枕套（或者找人替你缝制）。你也可以到家居用品商店购买中性色调的靠枕套。靠枕套是不错的选择，当它们脏了时，把它们扔进洗衣机清洗就好了。

园艺师：自然元素

园艺师运用科学知识种植和培育更多的植物，尤其是那些高品质且美丽的植物，他们的大部分工作都在温室中进行。幼儿教师可以在教室中摆放与大自然相关的元素，创设温室型教室，学习园艺师的成功经验。

在《林间最后的小孩——拯救自然缺失症儿童》(*Last Child in the*

改造之前：这个储物柜区域位于后门附近，这里是一块凌乱的"磁石"

改造之后：只是添置了一盆绿植，其氛围就与之前大不相同

Woods: Saving Our Children From Nature-Deficit Disorder）这本书中，理查德·洛夫（Richard Louv）将幼儿生活中自然的缺失与幼儿发展中出现的许多令人不安的趋势联系在一起，如肥胖症、抑郁症及注意力缺失障碍等问题的增多。他首创"自然缺失症"这一词语来解释儿童与大自然之间严重疏离的现象，他认为，自然缺失症将童年置于危险境地。自然缺失症包括应激障碍和注意力缺失障碍，美国心理学会将自然缺失症视作需要受到首要关注的儿童健康问题。麦柯迪（McCurdy）、温特布奥（Winterboom）、梅塔（Mehta）、罗伯茨（Roberts）的研究证实，许多儿童久坐不动的室内生活方式是导致糖尿病、哮喘、高血压及维生素D缺乏症等慢性疾病增加的主要因素。

　　罗杰·乌尔里奇（Roger Ulrich）与弗吉尼娅·洛尔（Virginia Lohr）在各自的研究中都发现，与那些在没有绿植的室内环境中工作的人相比，在有绿植的环境中工作的人，其工作效率更高。此外，他们还发现，绿植有助于降低血压，减轻压力。1984年，罗杰·乌尔里奇在对医院进行的一次研究中发现，与那些只能看到一堵砖墙的外科病人相比，可以看到绿树的外科病人不需要很多的止痛药，其康复速度也更快一些，而且可以看到绿树的病人，其应激水平也有很大不同。绿植不只对成人有益，例如，在一项针对注意力缺失障碍儿童所做的研究中，安德烈亚·费博·泰勒（Andrea Fabor Taylor）和弗朗西斯·郭（Francis Kuo）发现，在公园里散步以后，儿童的注意力水平有所提高。

自然缺失症的解决方法相对简单，包含两方面内容，即把儿童领到室外和把大自然请进室内。亲近自然的倡导者玛丽·里夫金（Mary Rivkin）在其著作《了不起的户外活动：倡导为幼儿提供自然空间》（*The Great Outdoors: Advocating for Natural Spaces for Young Children*）中主张，将户外游戏视为人类的一般活动，"我们生于自然，进化并没有让我们超越自然，我们与自然密不可分……要想成为一个完整的人，我们必须要与大自然建立联系。"在《自然游乐园：户外游戏环境创设》（*Natural Playscapes: Creating Outdoor Play Environments for the Soul*）一书中，拉斯泰·基勒（Rusty Keeler）建议教师带领儿童到户外，创设自然游乐环境，让儿童自由玩耍。他认为，可供儿童游戏的完美场所不是日常的普通游乐场地，即配备了常见的固定设施、金属或 PVC（polyvinyl chloride，即聚氯乙烯）材质的玩具及安全降落区的场地。基勒所倡导的"游乐园"应该具有可供儿童运用全部感官进行体验的自然元素，属于户外活动空间，鼓励儿童全身心地投入周围世界的活动中。当儿童在户外体验大自然带给他们的美好、快乐及奇妙的感受时，游乐园与儿童之间就会产生心灵上的沟通。亲近自然的倡导者、自然探索项目的执行官南希·罗斯诺（Nancy Rosenow）认为，很多自然活动对儿童的户外生活质量有积极影响，例如，爬树、搭建城堡和窝棚、种植、在小溪里蹚水以及在酥脆的落叶上打滚。

除了去户外活动，把大自然请进教室也是有助于减少儿童自然缺失症的有效措施。在将大自然请进教室时，可以参考桑德拉·邓肯和乔迪·马丁（Sandra Duncan & Jody Martin）在其著作《把外面的世界请进来》（*Bring the Outside In*）中提出的建议。

- 在你想不到存在自然元素的地方寻找大自然。你很快就会发现，大自然无处不在，如停车场、小巷中、公园里、人行道上及邻居家的院子里。
- 使用自然材料进行美术创作。儿童非常乐意发现自然材料的质地、颜色、图案之美，也喜欢把自然作为他们的美术作品的主题。
- 把自然融进教室的每一个角落。考虑一下，让自然或自然元素融入每一个空间，而不仅限于科学区。例如，把葫芦或南瓜摆放在娃娃家的桌子上；在美术区把树枝当作书写工具或者画笔；在数学区，用贝壳或者鹅卵石进行计算；在操作区，用线把带孔的贝壳串起来。
- 让活的动植物进入教室，例如，甘薯藤或者其他草本植物、金鱼、盆栽、寄居蟹、甲虫等。

对幼儿园教室来说，这意味着什么呢？幼儿园教室通常缺少自然情境和自然元素。尽管我们总是在教室里精心地摆放一定数量和类型的图书，确保有足够的积木、拼图及美术材料，但我们常常忽略自然情境和自然元素。这些元素可以提高儿童的注意力，特别是年龄较小的儿童或者有注意力缺失障碍的儿童。许多调查研究都充分证实了将自然请进教室的益处。推动实施美国北卡罗来纳州立大学自然学习计划项目的自然活动家罗宾·穆尔（Robin Moore）和艾伦·库珀（Allen Cooper）指出，儿童经常接触大自然，可以提升认知水平，增加积极行为，提高学习成绩及解决问题的能力，增强创造力和注意力。另外，调查研究还表明，基于自然的学习可以减轻注意力缺失障碍的症状。例如，达纳·L.米勒（Dana L. Miller）认为，儿童经常接触大自然，体验大自然，可以提高注意力和观察能力，变得更加自信。但是，基于自然的学习不只发生在户外。无论是在户外，还是在教室里，儿童都可以通过自然进行学习。以下建议可供参考。

- **珍视可以看到户外的窗户**。如果有幸拥有可以看到户外的窗户,请不要用彩色美术纸等不透明材料将自然光挡住。把照进教室的自然光当作学习的工具,用棱镜、反光物体及半透明物体来捕捉反射光和光影。
- **添置鱼缸,喂养彩色的鱼**。在教室里添置一个玻璃鱼缸或者生态鱼缸,在里面养金鱼等彩色的鱼。根据儿童的平视高度摆放鱼缸,让他们看到鱼在水中游来游去的样子和进食的情况。针对年龄稍大一些的儿童,可以把鱼缸放在美术区、安静的区域或餐桌,激发儿童的灵感,促使他们讨论与鱼有关的话题。
- **在教室里至少摆放 4 种不同的绿叶植物**。选择不同质地、气味和大小的植物,如波士顿蕨、非洲堇、迷迭香、仙人掌。无论什么植物,都必须确保无毒。
- **把自然元素融入教室的每一个区域**。在数学区,用石子计数或者玩游戏;在娃娃家,把松果当作鸡汤面,把浮木当作汤勺;在科学区,对不同大小和形状的贝壳进行称重和比较是非常有趣的事情;在美术区,把桦树皮或大的树叶当作独特的画纸,在上面画画。请注意,不要扒活树的皮,这样做会严重破坏树木。
- **录下大自然的声音,在午睡或者玩游戏时播放录音**。你也可以从网

站上搜寻已经录好的大自然的声音。

- **在教室里播放有关大自然的视频**。下载有关海浪、溪流、蝴蝶、小鸟及其他动物的视频,存储在便携式袖珍高清多媒体接口的旅行投影仪上。只需要连接投影仪和你的手机,你就可以在宽敞的墙上放映视频。

- **在周围的社区里拍摄自然景观**。拍摄不同的树、花、农贸市场、水和天空。找一家洗相片的公司放大照片,把它们贴在油画布上,然后挂在教室里。另外,建议让儿童拍照,你一定会得到一个新颖的视角!如果你不擅长摄影,可以去旧货商店购买带相框的风景画。

- **注入自然元素**。寻找并在教室里添置柳条筐、木质餐垫或竹餐垫,粗麻布和软木塞也是不错的选择;采一些野花,把它们插到一个花瓶(或者多个花瓶)中,然后把花瓶摆在餐桌或娃娃家的桌子中央;在水边采漂亮的棕色香蒲,一采下来就把它插进没有水的花瓶中,这样可以一直保持原样。给香蒲喷上丙烯涂料(当儿童不在场时),

可以用锡罐打造奇妙的室内迷你花园

有助于延长其展示时间；在花盆中养喜光的绿植，如果没有花盆，可以使用廉价或者免费的容器，如水桶、锡铁盒、儿童的鞋子和靴子，或者顶部被切掉的苏打水瓶。

- **鼓励儿童用麻绳或者钓鱼线将贝壳串起来，然后把它们挂在阳光能够照射到的地方。** 如果有机会去海边玩，捡一些有孔的贝壳带回来。与儿童一起用贝壳、麻绳和小木棍制作风铃，这是训练问题解决能

自 然 材 料

许多有趣的自然材料或稍经加工制成的物品是布置教室的理想之选，包括以下物品：

- 龟壳
- 蛇皮
- 河岩
- 种子荚
- 蜗牛壳
- 木化石
- 鸟的羽毛
- 鹿角
- 海星
- 晶洞
- 鲨鱼的牙齿
- 树皮

贝壳、乌龟壳、海星和鹿角等自然材料可以吸引儿童的注意力，唤起他们的兴趣

力、批判性思维能力和创造力的很好时机。找一个特别的地方挂风铃，不仅可以令教室看起来更漂亮，还可以让儿童有主人翁意识，因为风铃是他们自己做的。你所照看的儿童如果还在穿纸尿裤，那么可以把风铃挂在尿布台上方。要确保风铃挂得足够低，这样儿童抬头就可以看到它。轻轻地推动风铃，可以刺激儿童的视觉和听觉，使他们对风铃产生兴趣。

绿植和鲜花

绿植和鲜花可以为幼儿园教室增添美好的氛围。绿植不仅可以令空间更加明亮、美丽，还可以改善空气质量。绿植可以提高室内的氧气含量。对学生和工人所做的大量研究表明，在室内摆放绿植对空气质量和人的健康都有极大的影响。研究者 B. C. 沃尔弗顿（B. C. Wolverton）发现，把吊兰摆放在密闭的空间内 24 小时之后，空气中的甲醛含量可以降低 95%。甲醛的气味会刺激呼吸道黏膜，甲醛主要来自刨花板、油漆以及最令人担心的、大多数教室里都会有的吊顶板。研究阐述了这些毒素被植物叶子吸收，然后在土壤中被中和的过程。美国密歇根大学的一项研究发现，环境中的绿植有助于提高注意力、记忆力及劳动效率。在植物的影响下，成人的

记忆力可以提高 20%。好好思考一下教室里的植物对儿童的影响吧！

可以考虑在教室里添置一些植物，例如，虎尾兰、非洲堇、鸟巢蕨、秋海棠、银线龙血树、吊兰、棕竹、万年青、仙人掌及多肉植物。有些教师会因为仙人掌多刺而避之不选，但是只要选择没有细刺的仙人掌，就不会对儿童造成伤害。也可以选择一些无刺的多肉植物，例如，象牙莲、金玲（又名冰叶日中花）、铭月（又名水宝宝景天）。

吊兰可以在教室里种植，是一种非常有趣的植物。因为它们的生长速度很快，所以儿童会对冒出来的新芽很感兴趣。把长出来的新芽摘下来，插进土中，浇上水，很快就会长成一棵新的吊兰！在教室中种植绿植的益处绝不只是改善空气质量这么简单，学习照料和培育植物，可以增强儿童的自信心和责任感，让儿童受益匪浅。当儿童被赋予照顾教室里的植物的权利时，他们会注意到植物的许多变化，例如，长出了新芽、新叶或者开花了，进而强烈地意识到周围世界的存在。对大多数儿童来说，这种意识可以促使他们产生关爱地球的责任感和使命感。

干花和干绿植

夏季的户外到处都是五颜六色的鲜花和各式各样的绿植。把鲜花晾干，让它们保持美丽的样子，冬天的时候再把它们展示出来。有多种

让鲜花变干或者压平鲜花的方法，最简单的办法是把花夹在杂志或者书里。把一两朵花夹在一本厚重的精装书里，然后在书上压上重物，例如，平底锅或砖头。要把花夹在书里至少两周，或许需要更长的时间。你也许希望把干花放在花瓶中展示，让每个人都能欣赏它的美丽，但因为干花非常脆弱，所以要把它放在一个不容易被撞到的地方。另一个办法是把花压在层压板之间，制成书签、画（镶在相框里）或者装饰物（可以挂起来）。

人造花也可以为教室环境增添美好、宁静的气氛。从旧货商店里或者旧物义卖会上都可以买到许多廉价的人造花，供你布置教室。购置一些带绿叶的人造花，因为绿色是最自然的颜色。

交易站

儿童觉得自然材料非常有趣，他们喜欢近距离地研究这些有趣的材料，看一看，摸一摸，有时候还会听一听。可以在教室里增添一个自然材料交易站，鼓励儿童把小的自然材料带到学校。如果他们愿意，可以让他们用自己的"宝物"去换别人的"宝物"。

交易站的规模将决定材料的大小，所以在开始交易之前，讨论并确定材料的大小，这一点非常重要。鼓励儿童公平交易，如果只带了一件材料，那么就只能从交易站换走一件材料。在学习公平和信任的同时，儿童也可以很好地锻炼自己的计算能力、责任感和自控能力。

工作效率专家：参与的价值

确保员工高效地工作对于企业雇主的重要性，与创设适宜的教室环境对于幼儿教师的重要性类似。为什么？我们希望，不论是成年的员工，还是幼小的儿童，都能在为他们精心设计的环境中愉快地工作和生

活。幼儿教师可以向其他公司及机构借鉴经验来创设教室环境。

谷歌①

谷歌公司一直以鼓励企业的创新文化为荣。自由创新的结果是成就了幸福感强、积极主动、高效的员工。该公司努力为员工提供温馨、舒适的工作环境，其员工的福利待遇闻名世界，例如，工作现场的美食、游戏设备、健身房、保龄球馆等。谷歌公司的办公室也不同于一般公司的办公环境，而是经过专门设计，以促进员工之间的互动，支持他们分享工作创意。办公设备富有特色，家具灵活、易于移动，座椅柔软、舒适。此外，还有适合员工召开小规模会议、集思广益的舒适区域。许多工作套间都安装了玻璃墙，人们在里面可以看到办公室外面的场景。

---

① 谷歌（Google Inc.），一家位于美国的跨国科技企业，是全球著名的搜索引擎公司。——译者注

社区医疗中心

在中国台湾地区的一项研究中，林妍如及其助手们调查了来自230个社区医疗中心的1380名工作人员。她们发现，独立做决定的能力与对工作的满意度密切相关。该研究指出，雇员拥有的自主权越大，对工作的满意度就越高，离职的可能性就越小。

维珍航空公司

关于办公环境的布置问题，维珍航空公司的管理层征求了员工的意见。对于办公环境中的哪些方面需要美化、哪些方面需要更环保，员工们发表了意见。当员工可以参与做决定或者真正参与环境创设时，他们就能够成为专注、高效且更快乐的人。

对幼儿园教室来说，这意味着什么呢？在《学校设计的语言：21世纪学校的设计模式》一书中，普拉卡什·奈尔、兰德尔·菲尔丁和杰弗雷·拉克尼建议，让儿童参与设计方案的选择。请回想一下，你曾经邀请儿童参与教室环境创设的次数。幼儿教师通常不会自问这个问题，这也不难理解。大多数情况下，儿童很少参与环境创设。但是，仍然有许多方式可以让儿童参与教室环境的创设。你可以借鉴以下方式，吸引儿童参与其中。

- 当你考虑重新布置教室环境时，可以在集体活动时间与儿童进行讨论，听听他们的看法。
- 询问儿童的建议，问问他们想在书写区或科学区等特定区域添置什么材料。
- 邀请儿童一起制定班级规则，然后鼓励他们制作海报或指示牌，公布这些规则。
- 提供一个空间，但不指定任何使用目的，不放置任何设备、家具及材料。让儿童决定如何使用这个空间。

提供机会，让儿童带领同班的其他小朋友和教师参观教室。鼓励儿童向大家介绍教室里的不同区域，并且提出改善区域环境的建议。参观活动可以由一名儿童带领大家开展，也可以由两名儿童带领大家开展，还可以以小组的形式开展。在参观教室的时候，选出一名儿童为大家拍照，记录参观活动。在由儿童引领的参观活动中，教师要做好记录，并且使用照相机或者智能手机抓拍照片，向儿童提问，并且鼓励儿童展开讨论。参观活动结束后，教师要和儿童一起开会，听听他们的想法和建议，做记录并把他们的想法张贴出来。

如果儿童的想法是可行的，就和他们一起制订行动计划，然后尽快落实；如果儿童的想法不切实际，尝试提出可以替换的办法。同时，帮助儿童了解，在大家朝着一个共同的目标而努力的时候，需要寻找不同的方法并做出妥协；如果儿童的想法过于夸张，那么就要针对这个想法，提出一个比较切合实际的主意。早期教育专家、作家米歇尔·萨尔塞多（Michelle Salcedo）认为，应该根据儿童的兴趣和需求在教室中增加一个循环使用的区域，让儿童决定这个区域的用途和可以投放的材料。当儿童的兴趣发生改变或者他们厌倦了区域中的材料时，让他们提供新的想法。

---

① Rules，中文意思为规则。——译者注
② Nice hands，中文意思为友善的双手。——译者注
③ Body Safe，中文意思为身体安全。——译者注
④ Helmet，中文意思为头盔。——译者注

对研究工作效率的专家来说，有必要了解员工的满意度及提高工作效率的方法。同样，对幼儿教师来说，也非常有必要了解儿童在教室环境中的幸福感和兴趣。与在办公室工作的成人一样，儿童一天中的大部分时间都要在教室里度过。鼓励儿童参与教室环境创设可以增强儿童的自我意识和自信心，这就是教育中所谓的"在学业、社交及情感上的成功"。

食品杂货商：物品摆放

食品杂货商的工作就是吸引顾客花钱购买生活用品。他们了解消费者的购买心理，并根据消费者的心理来决定商店的格局及商品的摆放方式。食品杂货商是消费者行为研究专家，他们精心设计商店的环境，尽可能地让顾客在商店里停留的时间长一些。通常，顾客在食品杂货店里待的时间越长，花的钱就越多。食品杂货商也熟知顾客的购买习惯，了解吸引顾客注意力的方式。除了精心设计的商店格局，食品杂货商也以特定的方式摆放货架，吸引消费者看清货架上的商品，最终促使他们花更多的钱购买商品。食品杂货商会运用多种策略，例如，二次陈列、合理划分货架、视觉上吸引采购、采用货架图及延长逗留时间。幼儿教师可以向食品杂货商学习，在教室中有效地设计和布置置物架，提高儿童的专注力。

二次陈列

二次陈列，是指食品杂货商将相同的商品摆放在几个不同的区域，这样，顾客会在多个区域发现同样的商品。例如，将某个品牌的沙拉摆放在多个区域，如零食区、风味食品区、沙拉区甚至低温食品区。当顾客在商店里会多次看到同一商品时，他们就更可能注意到这一商品，并把它拿起来放进购物篮。

端架通常用于商品的二次陈列。端架是货架两端的架子，因为可以增加商品的可见性，所以是商店里的首选销售区。除了用于二次陈列，端架还用于新产品的介绍、商品促销或促使顾客使用某种产品。顾客看到陈列在端架上的商品，觉得它有用，就会把它放进购物车。供货商把自己的产品放在端架上销售，需要额外支付费用，因为这个位置可以增加商品的可见性，进而转化成不断增加的销售量。

可以将食品杂货商的这种交叉销售策略作为幼儿园教室环境创设的有效策略。就像食品杂货商有意识地将沙拉摆放在商店的各个区域一样，教师可以最大限度地利用区域空间，把相同的材料投放在教室里的不同区域。例如，既可以把故事书放在安静的阅读区，也可以把它放在教室里的其他区域；由儿童家长捐赠或者在当地旧货商店购买的食谱非常适合摆放在娃娃家和烹饪区；有关建筑和建造的书籍则适合摆放在建构区；《国家地理》杂志和 DK 出版社[①]出版的书都包含很多关于人物、动物以及国家的美丽图片，所以适合摆放在科学区。把书摆放在教室中不同的区域，有助于为儿童提供大量的机会去探索材料。

可以借鉴食品杂货商的端架策略，在儿童经过的地方摆放一张桌子。例如，在有趣的实地考察活动结束之后，可以在桌子上展示一些照片、宣传册及纪念品，也可以展示一些反映参观地情况的故事书或者图片。邀请儿童把自己制作的关于实地考察活动的

---

① DK 出版社，一家英国知名出版社。——译者注

艺术作品、素描作品及书写作品放在桌子上，与全班分享。

合理划分货架

在货架上摆放商品的方式对顾客的购买行为有极大的影响。食品杂货店里的货架通常分为三层，即底层、中层及顶层。底层的货架上一般摆放一些不太贵的一般商品和商店自有品牌，也可能包括散装食品；顶层货架上摆放着销量不太大的商品，例如，特色食品、美食和本地商品；中层货架的高度与顾客的平视高度一致，被认为是中心区，供货商们最喜欢在中层货架上展示自己的产品。中层货架上一般摆放的是销量高、知名的品牌，价位都比较高。

可以借鉴食品杂货商的货架备货策略来设计教室里的置物架。把最有趣的学习材料放在儿童最容易看到的置物架上，拿掉已经放在架子上很久的材料和根据商品目录购买的普通材料。在中层架子上摆放富有价值和吸引力的学习材料，从而增强儿童的想象力和兴趣。

视觉上吸引采购

据说"人是先用眼睛吃东西的"，意思是说，食物既要美观，又要美味。食品杂货商深谙视觉吸引力在商品展示中的重要性，特别是在农产品区，所以他们竭尽全力，以美观怡人的方式摆放水果和蔬菜。

确保置物架上的展示品布局合理，材料和文具很容易被看见，以便儿童看到置物架时有更好的体验。架子上的材料和文具要方便儿童选取和归还。

成功的食品杂货商通常会备货充足，这并不是说货架上都堆满商品，看上去杂乱无章，令顾客无从下手，而是指商店后面或仓库里有库存。当某种商品缺货时，店主只需要更换和补充新商品即可……这也同样适用于教室里的置物架，教师需要留意放在置物架上的材料的数量。装材料的容器之间要留出足够的空隙，这样才能方便儿童找到容器并替换材料。在教具储存柜中存放备用材料，当儿童的兴趣发生变化时，要能够更换新的材料。

无效的置物架

- 堆满各种材料。
- 材料之间的距离太小，导致置物架拥挤不堪。
- 材料极少被更换，没有变化。
- 杂乱无章，导致儿童难以找到需要的材料。
- 堆满了来自不同主题区域的多种材料。

有效的置物架

- 备有每周可以循环利用的材料。
- 根据材料类型进行布置，把相似材料放在同一置物架上。
- 提供的材料保持一致，但每周也会提供一些令儿童感到惊喜或神秘的材料。
- 材料之间留有一定的空隙，方便儿童区别和选择材料。
- 根据主题区域进行布置，不同的主题使用不同的置物架。

采用货架图

视觉采购不仅适用于农产品区，还适用于整个商店。设想一下，一位顾客把巧克力列入了食品采购清单，于是他走到巧克力所在货架的通道处寻找。这时，他面临着多种选择：袋装巧克力还是独立包装的巧克力棒？黑巧克力还是牛奶巧克力？树莓巧克力还是焦糖巧克力？食品杂货商非常清楚，多种选择会令顾客眼花缭乱，无从下手，所以他们采用货架图，将顾客的决策树形图可视化，引导顾客做出决定。他们将袋装巧克力和巧克力棒分开摆放；根据包装的颜色区分不同味道的巧克力，以便顾客辨识。他们不会把包装颜色相似的巧克力放在一起，例如，黄色包装的微甜巧克力和金色包装的牛奶巧克力，因为黄色与金色相似。但黄色包装的巧克力和金色包装的巧克力可以用红色包装的巧克力隔开。这样，顾客就可以很容易地区别自己想要买的巧克力与货架上的其他巧克力了。食品杂货商和生产商都很明白，顾客不会在选购商品上花费很长时间——最多只有几秒钟——所以，顾客看到并且很容易就拿到自己想要的商品，对增加食品杂货店的收入非常重要。

　　许多食品杂货商把鲜花摆放在商店门口，这绝不是巧合，因为鲜花带来的视觉和嗅觉上的美感有助于提升食品杂货店的档次。农产品区和烘焙区似乎总是位于商店的主要入口附近，其目的是用美观且美味的商品吸引顾客。这些区域向所有走进来的顾客传达的信息是："这家商店出售新鲜食品，你在这里会有宾至如归的感觉。"

　　在创设教室环境时，可以借鉴食品杂货商的做法。设计一个欢迎区，迎接儿童及其家人。在温馨、有吸引力的欢迎区展示迷人且有趣

的物品，可以减少儿童融入教室环境时的焦虑，同时也发出了一个信号——"幼儿园重视儿童的家人，欣赏每一个儿童"。在儿童可以看到的地方摆放儿童的档案袋、家庭合照和展示品，以促使儿童与朋友、家人交谈并分享看法。在教室里创设欢迎区时，可以借鉴以下做法。

- 摆放带相框的家庭合照，增添家的气氛。
- 用灯光增加温馨的感觉。
- 摆放沙发或长凳，增加舒适感。
- 用天然精油散发出的令人感到平静的香味缓和儿童的情绪。
- 用古典音乐的优美旋律欢迎儿童及其家人的到来。

延长逗留时间

消费行为研究专家帕科·昂德希尔（Paco Underhill）是《顾客为什么购买》（Why We Buy: The Science of Shopping）一书的作者。他认为，消费者在食品杂货店购买的商品中，有 2/3 都不是有意购买的。食品杂货店不仅需要顾客的这种消费行为，而且通过店面设计和布局在刺激顾客进行冲动消费，这种刺激顾客冲动消费的策略被称为"延长逗留时间"。尽管人们只需要几秒钟就能做出购买决定，但是他们通常需要到收银台等待结账。在顾客排队等待结账的这段时间里，店家可以有充足的时间让顾客发现一本杂志及其里面的一篇不错的文章，或注意到一个诱人的糖果，或看到生活必需的一个小工具。

如果教室里有不太受欢迎或者儿童不常光顾的区域，你就可以借鉴食品杂货店的逗留时间这一策略，为儿童制造在区域里停留的理由。例如，在科学区里添置季节性物品，比如漂亮的落叶，同时提供放大镜，方便儿童观察叶脉和树叶的颜色，还可以提供一些蛋彩画颜料，让儿童绘制或装饰落叶。或者，在区域里摆放脆脆的棕色落叶和研杆、研钵，这样，儿童就可以研磨树叶。哪个儿童会不喜欢敲敲打打呢？

第5章
考虑儿童的需求

从很早以前，人类就有了为保障自身生存而改造环境的需求。作为人类，我们所寻求的环境需要具备能使我们感到舒适、安心的要素，而安全通常是要考虑的重要因素。此外，还包括其他因素，如温度、采光、清新的空气以及积极的刺激等。

美国心理学家、人本心理学创始人亚伯拉罕·马斯洛（Abraham

Maslow）认为，人的行为受到一系列不同层次的需求的指引，人有两大类基本需求，即生理需求和心理需求，前者与身体相关，后者与情绪情感相关。马斯洛还提出了一个更高层次的需求范畴——自我实现的需求，即渴望获得成就感和成长，感受进步，拥有技能，以及培养才艺、追求爱好等。

> **马斯洛的人类需求层次理论**
> - 生理需求：与身体需求相关，例如，食物、住所、保暖及饮水。
> - 心理需求：与情感需求相关，例如，安全感、归属感、爱及自尊。
> - 更高层次的需求：与自我实现相关，例如，成长、具有成就感、培养才艺、获得技能。

教师与教育管理者在对教室环境进行设计时，可以运用该需求层次理论，既顾及儿童的基本层次需求，又创造出满足其高层次需求的机会。完善的环境要满足且支持这些需求。

生理需求

基本的生理需求包括儿童生活所必需的物质因素，例如，食物、住所、饮水、氧气、睡眠、衣物等。如果教室环境和教育者未能满足这些需求，儿童的成长便会受到阻碍。请设身处地地想象一下，假如你正在认真地听故事，努力地追随故事的情节发展，这时你感觉口渴或身上发冷，那么你会不会因为身体的不适而分心，甚至完全忘记听故事这回事呢？

教室环境创设与儿童的生理需求之间有着重要的联系，如果教室中的环境创设与设施未能满足儿童的生理需求，那么儿童的学习、成长和发展都将存在风险。因此，确保满足儿童的这类需求十分重要。例如，寒冷会使儿童无法专心地参与活动，所以不要让教室漏风，可以在门下的缝隙处放一块小垫子或者毛巾以防止冷空气侵入，或在密封不严的窗户底部放上一块毯子；提供靠枕、垫子或地毯给儿童使用，这样他们就不必坐在凉凉的地板上；增加照明设备，为儿童提供合适的光照，例如，台灯和落地灯，或者在故事分享时间让儿童坐在自然光或电灯附近，便于他们从不同的角度看清故事书。

安全需求

儿童需要安全感，需要能够让他们的大脑安享宁静、免受外界的过度刺激的空间。如同所有躲入洞穴或建造巢穴的生物，我们人类也本能地渴望躲入能提供安全、庇护的场所。我们很难在教室中为儿童提供温馨、舒适的一隅，不过，至少需要提供一件真实的家具，比如摇椅，或特别柔软的靠垫（狗狗的床柔软、便宜，且易于清洗）。能够让儿童独处的空间，有助于儿童获得稳定、可靠的安全感。

儿童需要让他们感到放松的环境

为儿童创设安静的独处空间，可以令他们感到幸福、安全和舒适。增添靠枕、软垫、篮子及其他自然材料，有利于促使教室成为吸引儿童且促进儿童成长的空间。

归属感和爱的需求

许多儿童受到家人之外的照料，他们会在保育机构中度过大量时间。杰弗里·卡皮扎诺（Jeffrey Capizzano）和丽甘·梅因（Regan Main）指出，2002年母亲在职的学龄前儿童中，42%的儿童每周在保育机构的时间超过35小时。根据《2014年度美国儿童健康报告》（Child Health USA 2014）提供的数据，1250万名学龄前儿童（占总数的61.3%）每周至少有一天接受某种方式的看护服务，其中，23.5%的儿童接受保育中心的照料，因此教室环境在这些儿童的成长中发挥着重要的作用。要增加儿童的归属感，就要让他们感受到自己与他人紧密相连，并相信自己可以为集体做出重要的贡献。总之，儿童需要感受到被爱和被关注。

自尊和自我实现的需求

儿童需要相信，自己在生活中也有一席之地。为了增进这种信念，幼儿园教室的设计必须致力于为儿童提供充分的机会，使他们可以展现自己的能力，锻炼领导技能，参与协同合作。影响儿童自身重要性信念的形成的因素中，最重要的是自由选择权。选择的自由意味着在整个在园时间里，都允许儿童表达自己对材料和活动的偏好，并自主做出选择。

在幼年生活中有机会做选择的儿童，不管这些选择明智与否，他们在以后的生活中都将更善于进行选择。被赋予自主选择机会的儿童会因自己的决定获得成就感，而这正是获得自尊感和自我实现的直接途径。例如，假设从教室中划出一小块区域，鼓励孩子们创造一块属于自己的空间——不允许教师介入，那么会出现什么情况呢？如果有机会在教室中创设自己的空间，儿童就需要自己做出工作过程中的所有选择，如将空间变成什么样子，用什么材料和工具，以及如何组装，等等。而且，参与决策的益处不止上述几点，它也有利于锻炼儿童的团队合作能力、协商技能及决策能力。给儿童提供大量非结构、开放性的活动时间也很重要，可以让儿童自由地决策和实施自己的想法。

另外一种促进儿童自由选择的做法是，制订课堂活动计划时，尽量少组织全班所有儿童同时做相同的事情。如果儿童在一天中的大部分时间里都要被迫作为一个群体共同行动，那么他们只能被赶着走或跟着教师走，从而很少有机会自己进行选择。

以下是促进儿童的选择能力、自主性和自我实现发展的其他建议。

- 让儿童为教室或其中的区域选择一个特别的名字。
- 鼓励儿童以不同寻常的方式做一些司空见惯的事，例如，拉着朋友的手后退着走出教室。
- 让儿童参与制定教室规则与行为规范。
- 让儿童设立特定的教室传统，例如，在每个月的第一个星期一带一件小的自然材料到幼儿园。
- 鼓励儿童通过带回收材料、开放性材料及自然材料等为教室做出贡献。
- 通过小型演讲或展示个人作品的方式，例如，与同伴分享自己收集的石块、纽扣等，为儿童提供表达自己的兴趣的机会。

必须让儿童认识到，他们是重要的、有价值的、有能力的，必须让儿童坚信："我是一个有用的人。"为儿童提供可以自由选择并让他们全身心地积极投入的环境，将引导他们走上自我实现的道路。

作为幼儿教育工作者，我们的职责是为儿童提供优质的环境，从而

> **关于"选择驱动型"环境的创设建议**
> - 提供许多不同材质的材料供儿童选择,这些材料要看起来悦目,用起来有趣。
> - 减少单一用途的材料,多提供开放性材料。
> - 使环境条理化——尤其是置物架——便于儿童发现可以选择的材料。
> - 定期轮换材料,以便不断地提供和突出呈现新的选择机会。
> - 提醒儿童注意新材料,并与儿童讨论可供选择的新材料。

满足马斯洛理论中的基本需求,并不断地推动儿童走向个人的自我实现,这意味着让儿童发现如何成为最好的自我。这将是一个安全、健康且具有支持性的环境,儿童身处其中可以愉快地尽情成长。众所周知,儿童生活在当下,很少思虑未来;但是在这些当下的时刻中,他们也在进行着学习。教师的责任是激发儿童产生马斯洛所说的高峰体验——超乎纯粹的快乐与愉悦的时刻。创设富于启发性的空间,可以为儿童超越自我,并通过自我实现展现最好的自己奠定基础。

儿童在教室环境创设中的权利

成人认为自己理应享有某些权利,同样,儿童也享有权利,如自由活动的权利,参与决定环境的权利,与同伴互动或者选择独处的权利,等等。那么,这些权利对教室环境创设会有怎样的影响呢?

自由活动的权利

儿童天生好动。他们探索环境时需要有自主权,杂乱无章、拥堵不畅的环境会阻碍儿童在教室中持续进行有效运动的能力的发展。区域间畅通无阻,人员流动自然顺畅,这样的空间有助于培养儿童的独立性。如果活动区域设置多个出口,那么儿童就可以自由地出入,从而将游戏拓展到其他区域，有利于儿童的自由创作。儿童需要感受自由，从而成长为能干的、独立自主的成人。

自主与自立的权利

作为幼儿教育工作者，我们最重要的工作目标是为儿童的学业成功打好基础。然而，这不是，也不应该是最重要的目标。早期教育的目标和目的应该是为儿童提供增进其自主性和能力自信的课堂体验。自主性指的是有选择的自由以及独立思考和自力更生的能力，有效的环境设计具有支持儿童能力发展的潜在特性。那么，各种学习区域和探索区域是否有清楚的划分？教师是否与儿童交流了各种区域中的行为规范？

美国早期教育专家安·爱泼斯坦（Ann Epstein）认为，儿童在某个空间中的安全感和信心会影响其游戏的复杂度和时长。爱泼斯坦指出，儿童在一个巨大的空间中会感到自己比较渺小；而在较小的空间中，比如舒适的墙角、玩具屋或仅容两人的兴趣区域，则会感觉自己很大。空间的大小也会影响游戏的质量和潜在的学习。如果教师有意识地对教室空间进行调整，让儿童感觉到自己与环境密切相关，儿童就会较快地融入复杂的游戏，并且游戏也会持续更长的时间。桑德拉·邓肯指出，教室有着不同的氛围——有的富有积极性，有的则平淡无趣，这些氛围都会影响儿童的学习。

儿童也应该有权选择自己的座位。"哦，当然，"你可能会想，"不过，弗朗西丝怎么安排？她在听故事时坐在别的孩子身边且总爱打扰别人。还有，如果集体活动时间里，孩子们不在地毯的指定位置上坐好，那么该怎么管理他们？让孩子们自主选择座位，恐怕很难做到。怎么办才好呢？"

在很多幼儿园的教室中，教师将指定幼儿的就座位置，可能是餐桌边的某把椅子，或者是地毯上某个确定的位置。典型的做法是，教师会用带有幼儿名字的压塑标签来标识幼儿的指定座位,或者在集体活动的地毯上用胶带贴上幼儿的姓名。因此,幼儿不能选择座位,不管自己有什么想法或者喜好,都要坐到自己的名字标签所在的位置。尽管指定座位的做法简化了教师的管理工作,但这种安排方式也剥夺了儿童独立自主和自由选择的权利。应该归还儿童作为个体的权利,允许他们自己选择座位。

多感官学习的权利

儿童是依赖感官的生物,他们的抽象能力还很有限,因此需要接受丰富多样的感官体验。凭空谈论各种豆荚果壳的区别,与让儿童亲身感受是不一样的,儿童只有通过近距离的亲身体验才能真正地了解豆荚。

桑德拉·邓肯和米基·麦吉利夫雷(Mickey MacGillivray)指出,认知概念与感官意识的发展从婴儿期就开始了,并贯穿人的一生。儿童通过感官收集信息并形成思维,即通过亲身的触摸,感受重量、体积、温度、质地,从而了解周围的世界。

精心设计的教室里会有供儿童感受视觉和触觉体验的各种材料。例如,多种质地和触感的自然材料,如光滑或粗糙的树荚、干燥或湿润的沙子、柔软或坚硬的树枝,人体的触感系统通过皮肤中的触感接收器解读信息。布置教室环境时,应致力于为儿童提供通过感官进行探索、创造和学习的机会,这一点要成为早期教育实践中的主要目标。提供感官体验的最简便的方式之一便是通过亲身体验探索不同的质地。质地可以分成两大类:视觉的和动觉的。以下做法可供参考。

- 找一张带两三个抽屉的茶几,每个抽屉中各装入一种质地的材料,例如,分别是带硬毛的、蓬松软毛的和硬刺的材料。鼓励儿童取出某个抽屉,探索其中的材料,然后将抽屉推进茶几。询问儿童还能在这个类别中添加什么物品,有助于引导儿童深入地参与这种触觉体验。
- 在教室中的隐蔽区域放置带穗饰的小地毯和柔软的靠垫,为儿童创造独处的空间。
- 让儿童自己制作一些富有质感的装饰,如用兔毛纱缠绕杯子。
- 带穗饰的长桌巾可以丰富教室中的视觉体验。
- 在铁丝网中穿丝带对儿童来说是一项有益的动觉体验。
- 将折叠过的大方巾垂挂在窗框上,可大大增加教室的视觉层次。围巾或方巾搭配竹棍,也可以增加窗户的视觉层次。
- 在一张胶合板上固定一些不同质地的材料,例如,短链条、刷子、擦洗垫等,然后把它放在建构区或操作区。
- 周围的光线和材料的质地在创设培养儿童心智的环境中发挥着重要的作用。如果周遭的事物触感柔顺,或者房间上方有明亮的光源,那么儿童感受周围环境的感受力就会受到阻碍。在环境中融入织物及较为昏暗的光源,可以激发儿童的感受能力。
- 在建构区添加由柳条编制的餐垫和篮子进行装饰,别具一格,花费不大,也容易在墙上固定,只要用双面胶带粘贴就行了。

独处与社交的权利

儿童有权独处一段时间,享受自己的个人空间;他们也有权与朋友一起在公共空间里共处。传统上,教室里不给予儿童独处的权利。想想你自己,我们每个人都需要一些时间在某个空间独处,进行休整、沉思和反思。儿童也有相同的需求,希望暂时脱离纷繁的区域。

与同伴、家人和社区联系的权利

归属,指的是儿童建立起与家人、同伴及社区之间的联系。同其他人一样,儿童也对归属感有着深刻的需求。共同体,即拥有共同旨趣且相互联系的群体。每间教室中都有着一个由儿童、教师及家人自动构成的共同体,这个共同体的形成有利于培养儿童与班级及周围其他人的情感联结。为了支持共同体,可以尝试以下做法。

- 在教室里摆放儿童家人的照片。
- 展示来自本地社区的手工艺品或照片。鼓励儿童及家人用手机拍照,并通过电子邮箱发送给教师,打印出来,插在活页相册中。把相册摆在建构区,供儿童在搭建积木时寻找创意。
- 邀请社区领导或者有专长的人士走进教室展示他们的技能。例如,一位钟表修理专家可以走进教室分享有关钟表运转的知识,把从废

该教室的一大特色是创设了一个由PVC管、游池浮条和其他轻质材料建构的安静空间,可供一两名儿童使用。

旧钟表上拆除下来的玻璃、电线及电池等部件提供给儿童，让他们鼓捣、拆卸和组装。

> 每个人都需要一个由希望点亮的空间。
>
> ——玛雅·安杰卢（Maya Angelou）

- 鼓励儿童和家人从当地社区中收集自然材料，例如，松果、野花、卵石、小树枝等，带到教室里来。在桌子上展示它们，供儿童探索。
- 让儿童从自家后院挖一些泥土（需获得家长和管理者的许可），装进塑料袋封好后带到班里来。找一个干净的大容器，与儿童讨论如何利用容器展现他们的街区。与儿童一起将各自挖来的泥土倒入容器中，然后讨论各类泥土的质地及色泽差异。务必提及，每个孩子带来的泥土是怎样展现他们的社区的。

减少教室中的嘈杂

幼儿园教室是一个繁忙、活跃且充满生机的地方，充斥着各种声音，有儿童的笑声、谈话声和偶尔争抢心爱之物的争吵声，也有积木倒塌的声音、音乐演奏的声音、玩具车冲上坡道的声音、戏剧表演区里传来的锅碗瓢盆的碰撞声。这些声音可以有效促进儿童投入环境中并与他人互动，但有些教室中也存在着消极的嘈杂现象——特别是在空间布置上。

嘈杂的环境充斥着干扰心灵和视觉的噪声，能够打断儿童的思维和活动。"嘈杂"和"杂乱"这两个词很像，但并不完全相同。杂乱的教室描述的是经常毫无章法地摆放很多物品，凌乱且缺乏秩序。当然，严重杂乱的教室便会成为嘈杂的教室。物质环境的嘈杂和心灵上的嘈杂都会导致儿童在教室里无法很好地学习和生活。

物质环境嘈杂

物质环境嘈杂的教室，指的是对儿童的活动产生有形的干扰，导致他们不能在教室中尽情地学习和生活。有几种设计问题会造成教室的物质环境嘈杂，例如，家具或设备过多，占用了宝贵的通道空间，导致儿童活动和游戏的空间被大大压缩。有时，过度拥挤的空间导致儿童像进入奇境的爱丽丝，找不到路。造成教室环境嘈杂的另外一个原因是，家具对所在的空间来说过大。对于教室中的每样家具，都应考虑其占用的儿童活动的面积。如果教室中有许多大件家具占据了空间，那么就要考虑用较小型的家具替换它们。

视觉嘈杂

视觉嘈杂的教室干扰儿童的思维，导致儿童无法在教室里尽情地学习和生活。造成视觉噪声的因素，如成堆没有专门用途的杂物，以及堆满纸张、笔记及其他杂物的凌乱的工作台等。尽管"嘈杂"和"杂乱"两个词不完全相同，但导致的结果是一样的，即功能失调的教室。

减轻嘈杂	减少杂乱
开辟贯通整个教室的通道，每个区域至少有一个出入口。	开一场废旧物品拍卖会，要果断干脆。某种物品若近两个月以来一直用不着，一般来说就不值得再保留，干脆扔掉或者捐出去。
减少视觉障碍物，例如，天花板上的悬挂物，或粘贴在壁橱门上的纸质材料。	如果实在舍不得扔掉某些物品，就把它们整理好后放到带盖的桶里、壁橱中或架子上。在桶上贴上标签，便于查找。
找出教室中最受欢迎的区域，给这个区域划分出最大的面积。各个区域要足够大，保证儿童能够顺畅地出入和移动。	先移除明显的障碍物，即那些近在眼前的杂物，例如，摆了两个月的放着儿童画的推车或晾画架。下定决心保持区域整洁、有序。

(续表)

减轻嘈杂	减少杂乱
对教室中的每样家具进行谨慎、全面的考量，问一问自己： • 需要这件家具吗？ • 孩子们使用它吗？ • 如果移走它，会有什么影响？ 如果答案是"不，不，没什么"，那么就把它移出教室，因为它毫无用处。	找出容易聚集杂乱物品的地方，例如，储物柜、抽屉、储藏间等。花些时间进行清理，保持这些地方的整洁。
	制定一个清理目标。例如，决心清理出满满一购物袋的杂物——若是满满的一大垃圾袋，效果会更好。

视觉思维

视觉思维是观察、思考、理解和操作之间的互动，是视觉和思维的结合。美国斯坦福大学罗伯特·麦金（Robert McKim）教授指出，观察与思维的习惯密切相关。

儿童运用五种感官进行学习，其中视觉非常重要，但在课堂中经常被低估。早期教育环境中往往充斥着过多的视觉形象，从而造成视觉上的杂乱或噪声。很多视觉材料的张贴，例如，海报、标语、图画、带字的标签等，均源于教师抱着"看见等于理解"这样一种不准确的观念。只是看见，并不能保证儿童可以理解所见的内容。只有当张贴的材料增强了儿童的视觉思维和视觉关注力时，儿童才能够开始理解。

请暂时放下本书，集中注意力观察周围环境中的一件物品，例如，椅子、咖啡杯或花瓶。盯住这件物品，尽力滤除旁边、前后、上下的其他物品。集中精力只看这件物品，不看其他。现在请想象，把它置于黑色的背景中，再次尝试滤除周围的空间和物品。忽略余光，目光凝视黑色背景中的这件物品，力图用目光抓取它的轮廓，不要涉及其他物品。你能做到吗？如果做不到，是否有挫折感？如果能做到，你感觉这件事有难度吗？如果同大多数人一样，那么你可能无法完全排除或者屏蔽目标物周围的其他所有物品。这场视觉注意体验给我们如下启示。

- 要长时间连续地专注于同一目标，需要找到其新颖、有趣之处，例如，花瓶中的一片碎片、咖啡杯上的一滴水珠，或者椅套上的一个线疙瘩。
- 实际上，不可能绝对地聚精会神。

对幼儿园教室来说，这意味着什么呢？如果成人尚且觉得难以达成上述实验中的目标，那么对儿童来说，集中注意力无疑是一种挑战。幼儿的注意力时长显然比成人的要短。幼儿研究专家帕姆·席勒（Pan Schiller）指出，成人平均的注意力时长达17分钟，而幼儿的注意力时长平均每年增长1分钟。因此，3岁幼儿的注意力时长是4分钟，4岁幼儿的注意力时长就是5分钟。我们应当采取适当的策略，消除教育环境中可能干扰儿童视觉注意的障碍物。以下方法可供参考。

- 降低视觉背景噪声。创造能够促进儿童视觉思维发展的环境，一个简便的方法便是创设一种将视觉背景噪声降至最低的环境。例如，选用单色或图案简洁的窗帘；选用淡雅自然的布告栏背景，比如粗布或棕色硬纸，并选用自然材料，比如柳条或竹子制作布告栏的边框。
- 图案简洁。人脑有一种力图摆脱混乱状态的内在驱动力，因此最好尽量去掉墙面和地板上蜿蜒繁复的线条或图案。可以融入一些形态自然的旋涡或波浪形，这样会给人赏心悦目的感觉。尽管大多数自然图形并不对称，但它们重复出现会给空间增添一份宁静。
- 用心挑选。限制张贴在墙壁上或悬挂在天花板上的物品数量。每样张贴的材料都要有一定的目的，挑选时务必严格把关。张贴的材料一定要能够给儿童提供一个有意义的情境，让他们理解材料中的事物或文字、表达的意义，以及张贴的原因。例如，在大号索引卡片上画不同颜色的图形，在图形下方分别用英语和西班牙语①标注颜色的名称，如在红色正方形的下方标注"红色"的英文单词和西班牙语单词，并将卡片放在读写区或数学区供儿童使用。

- 使张贴材料与周围的空间协调一致。例如，将儿童所画的花卉的图画挂在科学区，而不是建构区；在建构区，张贴一些与搭建、工程、大楼或建筑物有关的材料；衣帽间和教室的门上不要张贴纸张和海报。

- 舍得放弃可爱的图像。教师们普遍会选用市场上出售的字母挂图，然后把它挂在教室里。教师们通常会选择讨喜的图像，这类图像常常将字母与代表这些字母的某个形象结合起来。例如，挂图中可能会包括小写字母 r、一只手拿字母 r 的兔子（rabbit）、3 根胡萝卜、一些泥土、单词"rabbit"以及一个标示如何书写字母 r 的箭头。这类挂图存在多种问题，如幼儿可能认为这个图像是"兔兔"(bunny)，这完全扰乱了儿童的思维，因为"兔兔"的首字母是 b。要想有效地利用这张挂图，儿童需要在视觉方面滤除所有额外的线条和图像，才能注意字母 r，这对很多儿童来说颇有难度。

- 以新鲜感激发视觉思维。如果想维持儿童的注意力，增强视觉思维，在创设环境时就必须要提供新颖、有趣的事物。这意味着要选择不落俗套的事物来促成儿童的发现，让他们体验发现的喜悦。视觉思维促使儿童不断地发现。当儿童处于丰富的视觉环境中，当环境中的事物新颖且独特时，他们便会发现和注意到更多的事物。

呆板而缺乏创意的材料无法激发儿童的视觉思维。然而不幸的是，很多教室中的材料经常是呆板无趣的，比如，建构区常常只有积木、交

---
① 美国的很多地区将西班牙语作为外语学习的首选语言。——译者注

用木质烛台搭建成塔状可给儿童的建构活动带来灵感

建构区里简单的视觉思维的提示,激发儿童产生搭建花园的创意

在建构区添置空线轴可以激励儿童的视觉思维,且花销很少

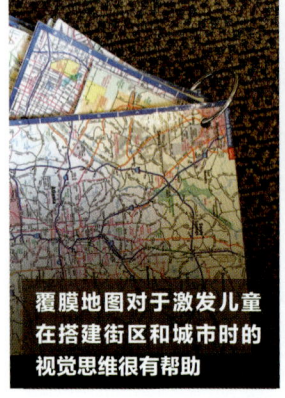

覆膜地图对于激发儿童在搭建街区和城市时的视觉思维很有帮助

贴有儿童照片的积木,为讲述同伴间的故事提供了无尽的可能

在坡道游戏中添加玻璃罐盖子、彩带卷轴、护壁板及管子,可促进儿童的视觉思维

通标志、小轿车和小卡车,等等。很多教师并没有为这个区域多花些心思。请反思一下自己班上的建构区,想想自己最近一次在这个区域投放新颖、独创的材料是什么时候呢?

墙饰

幼儿园教室常常是熙熙攘攘、活力十足的景象,令人眼花缭乱——尤其是教室的墙壁上。经常可以看到设计紧凑,边缘呈扇形,背景色彩明丽的布告栏遍布整面墙壁。各种用色鲜亮的张贴物展示着各类信息,如字母表、班级规则、洗手流程图、日历、颜色、形状,等等。未加装裱的幼儿画作直接被钉或贴在墙上。家长须知、员工备忘提示，以及一大堆营业许可证书、认证证书等，也覆盖了墙面，甚至衣帽间和教室的门上。

一般而言，在墙壁上大量张贴是可接受的，也就是说教师们认为墙上贴满海报或纸张是装饰墙壁的合适方式。然而，这种视觉刺激对幼儿来说是难以承受的。幼儿的感官适于感受刺激上的变化，而不适于接受连续的刺激输入。在为幼儿创设教育环境的时候，提供的刺激既不宜太多，也不宜太少，要恰到好处。例如，刺激量的大起大落会令幼儿不知所措，而适量调节刺激强度可以帮助幼儿保持最佳的反应水平和舒适感。适量调节刺激强度可提高幼儿的行为水平，激发其兴趣，鼓励其做出积极反应，从而有益于幼儿的发展。

幼儿正处于学习信息处理的过程中。作为一种认知技能，信息处理使人们可以感知周围的事物，并理解所感知事物的意义。当有过多的视觉信息需要幼儿处理时，他们就会难以胜任并深受挫折，而挫折感必然会导致消极行为。幸好，解决教室环境中的这个问题并不难办。想要培养儿童的信息处理技能，就要降低他们需要处理的信息量。可以参考以下做法，从而减少教室中的视觉刺激。

该教室中有太多需要儿童处理的信息，可以减少墙上图画的数量，多留出一些空白

- 在墙上的图画之间留出空白。这给图画和物品留出了呼吸空间，方便儿童聚焦目光，进行信息处理。
- 在规划时，注意视觉平衡。视觉平衡帮助儿童了解哪些信息是重要的，哪些是不重要的。视觉上的微妙信息有助于大脑组织思维、记忆信息，并提高儿童的参与度。视觉平衡使儿童的眼睛得以休息，而缺乏视觉平衡则令他们眼花缭乱、心神不定。况且，我们的眼睛需要休息。

对很多幼儿而言，教室里杂乱的墙壁导致他们视觉负担过重，从而引发他们的紧张和不适感。出于善意的宣传品和图表成了不折不扣的视觉噪声，因为大多数幼儿不知道应该看哪里，于是只好努力滤除墙壁带来的视觉噪声。然而，滤除或忽略噪声是极具难度或者说近乎不可能的，因为多数幼儿尚不具备处理过多的视觉信息及滤除过度刺激的能

力。在感官信息处理方面存在问题的儿童，适应刺激过于丰富的环境尤为吃力。

作为教育者和教室环境的设计者，我们有责任打破传统的"越多越好"的审美误区。正如桑德拉·邓肯等人在《教室景观的再思考：创造连接幼儿、家庭与社区的环境》(*Rethinking the Classroom Landscape: Creating Environments That Connect Young Children, Families, and Communities*)一书中指出的，这意味着"清理墙面的杂乱材料，清除从市面上买来的廉价张贴物，在教室中摆放一些镶有相框的儿童原创作品，以及一些精心挑选的杰作，如莫奈和伦勃朗的作品"。如此，教师可以表现出对儿童创作成果的尊重，并创设富于美感的空间。

展示要有创意

建立有意义的联系是所有学习的基础。我们的大脑具有在已有知识和当前的体验与学习之间建立联系的能力。如果教室墙壁上杂乱无章的材料既与儿童的学习无关，又不能表现儿童的生活和民族文化，那么儿童就难以与其建立起有意义的联系。教师面临的挑战是，抛开装饰教室墙壁的观念，开始思考如何有效地利用墙壁来体现课程和学习目标。更为重要的是，要思考如何利用墙壁反映班里儿童的生活与成长。在布置墙上材料时，请考虑以下几个问题。

- 使用这份材料的目的是什么？
- 材料面向谁，儿童、家长还是外来参观者？
- 张贴的材料是儿童的原创作品，还是买来的且与儿童活动无关的材料？

- 材料是否反映了儿童的民族文化、家庭或者其生活的社区？
- 材料的互动性如何？如果互动性较弱，怎样改善？

为了避免墙面杂乱，可以运用以下策略。

- 将购买的张贴材料减少一半。不要只是简单地将儿童的图画挂到墙上，可以用一个塑料套封活页夹来展示他们的作品。儿童乐于将自己的作品装入其中，也喜欢浏览其他小朋友的作品。将儿童作品活页夹放在阅读区或签到 / 签退处，便于大家欣赏。
- 除了将儿童的艺术作品挂在墙上，也可以把它们放在其他的位置进行展示，比如用画框框起来放在架子顶上。
- 在美工区或书写区附近挂几块剪贴板，鼓励儿童把自己的作品张贴在上面。
- 买一截软木（手工艺用品店有售），将它切成各种形状和大小的碎块，把这些碎块拼接起来，中间留出可以容纳一张约 A4 纸大小的空间。用高强度胶水在拼成的图形上方粘一个大号的晾衣夹，然后用双面胶带将这个图形粘贴在美工区或书写区附近。

- 餐垫可以作为装裱儿童作品或家长需要的信息的上佳材料。在餐垫底面缝上或贴上一小段彩带，用彩带将餐垫挂到墙上。

- 电子相册是一种展示儿童艺术作品的好方法——将它放在儿童和家长都可以看得到的地方，效果尤为理想。用照相机或智能手机拍下儿童的作品，上传到计算机上，然后存到 U 盘里或直接用计算机下载到电子相册。
- 如果你的计算机上有 PPT（PowerPoint，即演示文稿），那么可以将儿童作品的影像（以及儿童积极参与活动的照片）做成幻灯片。PPT 有循环播放功能。将计算机放到安全且方便观看的地方，点击"开始播放"图标就可以了。同样，可以拍摄儿童创作时的录像，并下载到 PPT 中播放。

重设布告栏

布告栏是大多数幼儿园教室中常见的物品。教师们使用布告栏的方式多种多样，如展示儿童的活动成果及艺术作品、标明假日与季节、张贴日历与天气预报表、向家长发布近期的活动安排及通知、展示课程教具，如字母表、颜色、图形等。但是布告栏常常被认为只是教室的装饰，或者只是一块展示儿童艺术作品的地方。教育家和作家迈克尔·格拉瓦（Michael Gravois）指出，布告栏不仅可以装饰教室，也可以作为学习与教学的工具，或是强化教学目标的一种手段。下面提供两种让儿童积极参与布告栏制作的方法。

让儿童选择布告栏的内容

让布告栏成为有效的学习工具，其关键不仅在于布告栏的内容，也在于布告栏的制作过程本身。允许儿童参与决定布告栏的内容，并为内容的创作做出贡献，有助于儿童拥有教室主人翁的感觉。他们可以参与绘画、书写、收集所需的材料以及协助安装布告栏。

该班的儿童参与了布告栏的创作

让布告栏富有互动性

将布告栏放到与儿童的平视视线同高的位置,便于儿童浏览。在布告栏中设计一些富有吸引力的有趣的游戏,例如,让儿童为小动物找妈妈(如小牛和母牛),或者为社区里的救援工作者配备合适的装备(消防员和防火头盔)。有多种材料可用于制作儿童可以操作的布片或纸片,例如,毛毡、培伦布和纸片。如果用纸做,那么就要加上塑封,使之更结实耐用。如果在布告栏上覆盖一层纤维或毛毡,就可以把毛毡底的布片粘到上面。双面胶带、磁力贴或培伦布都可以作为粘贴材料。培伦布是一种在缝纫时用作衬布的材料,布店有售,材质轻薄,使用时可以将图画书上的人物和其他图像描摹下来,用马克笔上色,剪下来之后,可以作为制作互动式布告栏的理想材料。

如果设计的内容目的明确，布告栏就可以成为幼儿园教室里极为有效的设施。但要注意的是，要有目的地选择用于装饰布告栏的材料，避免使用艳丽的基本色作背景或边框，否则会与展示的艺术作品相冲突，或者喧宾夺主。卡通人物或应时的装饰如果与学习活动无关，就不要使用。可以用淡雅的单色布、毛毡或土褐色的粗麻布作为布告栏的背景。用布打底的优势之一是，它不会像图画纸那么容易褪色。不要购买市面上现成的边框，可以用色彩自然、质地简洁的材料，自己制作边框。例如，用细木棍或树枝环绕布告栏，用餐垫或托盘作为儿童作品的相框。以下是一些简单、便宜的布告栏材料。

背景与边框	粘贴	真实材料
● 粗麻布	● 双面胶带	● 餐垫
● 织物	● 磁力贴	● 桌布
● 壁纸	● 可换胶条	● 树墩（树的横截面）
● 毛毡	● 培伦衬布	● 木棍
● 宽丝带	● 黏黏的泥子	● 画框
● 软木块	● 胶粘纸	● 树叶或干花

可以利用布告栏同家长进行交流。设计布告栏的时候，要有明确的目标，例如，向家长公布每日或每周的授课计划、每日作息安排、教师教学日程、实地考察信息、菜单或者给家长的信息简报等。布告栏中要给家长留出分享信息或提问题的地方，可行的办法是用包装纸把一个纸巾盒包起来，然后把它固定到布告栏上。这可以为家长提供小块的纸张和短铅笔，便于家长留言。最后需要指出的是，同家长沟通的布告栏必须要整洁，及时更新。

布告栏有效性的评价标准

- 与教学相关
- 简洁
- 有吸引力
- 目的明确
- 易懂
- 时新
- 实用
- 引人入胜
- 互动性强
- 富有个性
- 色彩淡雅
- 聚焦群体
- 选用真实材料

如果教室中原有的布告栏太高了,那么在低的地方用软木卷重新做一个也很容易。往墙上贴的时候,在软木卷的一面涂上胶水,沿外侧的边缘也均匀地涂上胶水。将软木卷按压到墙上。最后,在软木卷外侧的边缘粘一圈细软的护墙条。

如果没有布告栏,或资金有限无法购买,那么可以用布或学生绘画用纸覆在一大块厚纸板上,并用金属钩将其悬挂在天花板上。它重量很轻,易于悬挂。

美国幼儿教育协会(National Association for the Education of Young Children,缩写为NAEYC)——美国最大的儿童拥护者之一——特别强调,教室内的材料要能够激发儿童的兴趣。该协会同时倡导,组织和维护幼儿教育环境,以促进幼儿的全领域学习。其幼教机构认证标准要求，儿童作品在展示时应与儿童的平视视线同高，以便帮助儿童反思和拓展学习；儿童的近期作品——书写作品、图画及立体手工作品——应在教室的展示中占主导地位。NAEYC 对"主导"的定义是，50% 以上的展示作品由儿童创作。同时也要谨记，在早期教育环境中，展示并非越多越好。

天花板的吊饰

你是否曾在一个风和日丽的日子里，找一片舒服的草地，躺下看着浪花一般的白云悠悠地飘过湛蓝的天空？在夏日的晴空下观赏白云令人心旷神怡，但是风暴来临、乌云四合之际，天空的景象却让人心悸，这时候再来看云就不会那么舒心了。

有时候，一些教室的天花板给人的感觉就像乌云密布的天空。如同夏日里暴风雨来临之前的滚滚乌云，天花板上聚集着大量的设施设备，如固定装置、应急照明灯、吊顶板、荧光灯、消防喷淋头、通风管道、烟雾报警器、安全出口指示灯、安保摄像头，有的教室中还有扬声器和闭路播音系统。此外，还可能有一些活动挂件玩具、纸质灯笼、区域标志、儿童作品、树枝、装饰织物以及一些应时的装饰品，如节日花环、画纸做成的秋叶或花朵。有太多的视觉刺激需要儿童解读，有的需要处理，有的需要忽略，有的需要回应。我们都知道，儿童一次只能关注一件物品，所以处理天花板上所有的物品显然

将悬挂在天花板上的物品分成三组、五组或七组

是不可能的。他们面临两个选择,即忽略或者回应。如果儿童最终选择了忽略,那么我们就应该反思,悬挂在天花板上的物品中哪些是必要的;如果儿童有所反应,那么可能是消极反应,也可能是一些发泄行为,因为他们无法整合或过滤这些过度的刺激。

　　教师该怎么做呢?不在天花板上挂东西了吗?答案或许不是这样,因为如果悬挂的物品安排得当,对儿童就是有意义的。如果精心选择并有目的地悬挂物品,那么儿童就能了解其中的意义。

　　在天花板上悬挂物品通常有三种目的,即标识学习区域、吸引儿童关注某一区域,以及创造关注点。所挂的物品必须起到吸引儿童来到该区域的作用。

　　尽管悬挂物品时应该具备明确、合理的理由,但同样重要的是,要

用编织绳连接儿童涂了颜色的松果,将它们挂在一根细树枝上,构成天花板上的一个完美的三维悬挂物

确保悬挂的物品与其下面的区域相关。举例来说，把一个由几种银质餐具构成的活动挂件挂在科学区上方是不恰当的，但它与娃娃家明显相关；把一个空灯罩悬挂在娃娃家餐桌的上方，二者非常搭配，但挂到建构区就未必合适。

一般而言，所挂物品不宜超过3件，这个数量根据所挂物品的大小略有浮动。在一个常规面积的教室中，悬挂3件以上的物品将使儿童视觉负荷过重。可以将物品分别挂在教室中的不同地方，以确保悬挂物之间有充足的视觉空间。为了创造视觉水平线（并不是可见的），要让所有物品距离地面的高度相同，使它们处于同一个视觉平面上。例如，假设你悬挂了一个大树枝，末端离地大约7英尺，那么你悬挂的纸灯笼底端也要离地7英尺。悬挂的物品要足够低，以使儿童能够观察和欣赏；同时也要注意，细小的物品从下方看起来视觉吸引力不大，立体的物品效果最好。

在天花板上悬挂物品往往是出于成人的喜好，而不是为了满足儿童的需要。例如，想一想天花板上悬挂的"建构区""艺术区""科学区"等标识下方区域的字样，即使这些标志牌上包含了该区域中的教具的图片，儿童一般也不会在进入区域前抬头观察、思索其意义或试图理解标志牌上的文字。同样的道理，如果画有预设主题的商业玩具图片，如社区帮手、运输、植物、季节，被悬挂的位置远远高于儿童的平视高度，也会被儿童忽视。而且，这些物品如果长期挂在那里，也会造成视觉嘈杂。究竟它们在教学中发挥了什么作用？如果它们对于儿童而言没有意义，那么这些东西或许无关紧要。

对于身处教室中的人而言，对其视野与感受影响更大的，也许不是天花板上悬挂的物品，而是它们的悬挂方式。例如，在教室僻静的一角里，蓬松皱褶的雪纺绸、薄纱或闪烁的灯光可以营造出一种宁静的氛围，吸引儿童来到这里度过一段独处或安静的时光；在艺术区中，悬挂一些彩色的图案，个数为奇数，正面向下，可以启发儿童的创作灵感；在午休时间，用柔和的色彩在天花板上投射一些抽象的图形，有助于儿童放松身心。让儿童装饰天花板，并让装饰材料悬挂在儿童上方，可以在休息时供儿童凝望，引发遐想，予以抚慰。

午休时间，用投影仪在天花板上投射影像，有助于儿童安稳情绪

婴儿室的天花板

成人与婴儿的视野有着巨大的差异。例如，一件从天花板上悬挂下来的活动挂件玩具，成人可以从玩具的侧面看过去，因而得以概览全貌，而身处地面的婴儿只能从玩具的底部仰视。如果玩具主要由二维材料制成，比如布条或画纸，那么婴儿或许只能看见材料的底边。三维活动挂件玩具有益于婴儿进行观察。要改善婴儿室的天花板，可以参考以

下建议。

- 使用质地轻薄的织物，当有人经过或者加热器或空调的风扇开启时，这些材料便会飘动起来，吸引婴儿的目光。
- 添置一些可以发声的三维物品，例如，铃铛或风铃，或者厨房用具，如汤匙或打蛋器。
- 增添可移动的LED（Light-emitting diode，发光二极管）灯，以增加视觉趣味。
- 活动挂件要挂得低一些，使婴儿能够看见。

安全提示：务必确保活动挂件的悬挂牢固可靠。

可以发声的三维活动挂件

- 金属的厨房器具
- 钥匙
- 贝壳
- 门把手
- 鸟笼
- 纸灯笼
- 风铃
- 大铃铛
- 浮木
- 人造珠宝饰物
- 馅饼烤盘
- 锁链

第6章

真实性：将日常物品融入教室环境

　　儿童积极探索环境的方式是，运用感官认识和理解周围的世界。在配备了真实的材料、资源与设施的高质量环境中，儿童在互动性的活动和游戏中的学习效果最佳。幼儿园教室中的真实性，指的是如实呈现现实世界中用于真实目的的材料和资源。真实的日常物品可以为儿童的学习和发展提供必不可少且丰富的感官信息，所以是早期教育环境的有益补充。

儿童马上对旧式打字机及其运转方式表现出了兴趣

传统材料与真实材料在感官探索中的比较

在为儿童选择玩具、设备及学习材料时，要考虑它们能够给儿童提供的感官输入。教室中要充满运用感官的机会——尤其是视觉与触觉。然而教室中通常不乏从商品目录、社区旧货市场及当地商贩那里买来的常规玩具，其中大多数是塑料材质的。塑料玩具的感觉输入量很小，因为多数塑料玩具摸起来很光滑，它们的触觉学习价值不大。触觉学习发生在儿童运用触觉的时候，也就是说，有些儿童是触觉型学习者，倾向于通过触摸体验进行学习，让他们使用塑料玩具进行学习，结果就不会理想。塑料玩具不仅触觉质感贫乏，而且缺乏视觉吸引力和视觉质感。视觉质感是指儿童所见的物品之间具有许多视觉差异，例如，凹槽、凸起、棱、坑等。

举例来说，不妨对比一下真实电话和塑料玩具电话之间的感觉差异。一所美国中西部[①]的幼儿园采购的塑料玩具电话大约是每部50美元[②]。一位教师发现班上的儿童不玩这种电话，于是决定在社区寻找几部真电话放在孩子们的娃娃家里。

后来，在这所幼儿园里，从旧货商店里以每部2美元（大概相当于人民币12.8元）的价格买来的真电话取代了玩具电话。这位教师留意到

---

① "中西部"是美国的一个传统地理名词，大致指的是美国地理上的中北部的州，并非美国中部与美国西部的合称。——译者注

② 请以实时汇率换算。——译者注

孩子们每天都用真电话做游戏，这是为什么呢？首先，真电话比塑料电话更有分量；其次，真电话具有更多样的质感和材料，如光滑的听筒、突起的前脸、可伸展的电话线，这些都促使儿童参与感官活动，进行探索。

仿真的玩具电话

真实的电话

想象一下，儿童使用一套从学校用品公司购买的塑料餐具玩进食游戏的体验，和使用真实的木质餐盘、针织盘垫搭配布制餐巾和丙烯杯子来假装进食的体验，显然大相径庭。

塑料茶具有一个明显的特征——材质是塑料的，而银制茶具有清凉的金属质感，像镜面一样可以反射。一套塑料茶具中，每件的重量几乎是一样的，而银制茶具中的每件重量则各不相同。

真实的日常物品会引发儿童的好奇和兴趣。仔细观察从市面上买来的包括烤箱、炉子、水槽、橱柜在内的一套玩具家居用品，它们没有明显的瑕疵，在很多幼儿园教室里都屡见不鲜，常常是基本色，塑料材质。想一想，儿童在娃娃家如何使用这些物品。现在请再想一想，儿童如何使用真实物品（例如，真实的盘、碟、桌布、餐桌摆饰以及橱柜）

仿真茶具

真实的茶具

在娃娃家进行学习。

真实物品更能激发儿童的兴趣,因为它们比仿真的玩具更具吸引力。材料越真实,吸引力就越强。

能够给人以丰富的感官刺激的物品可以促进儿童全领域、多感官的整体发展。有些物品可能因为其色泽和质地而引发儿童的视觉或触觉兴趣;有些物品,例如,花或肉桂,会散发出怡人的气味;还有些物品会在晃动或敲击时发出某种声响。有的物品具备多种感觉特质,例如,新鲜的草莓,最好的特质是它香甜的味道。

能刺激触觉感受的物品都可以被看作触觉教具。当儿童抓握日常物

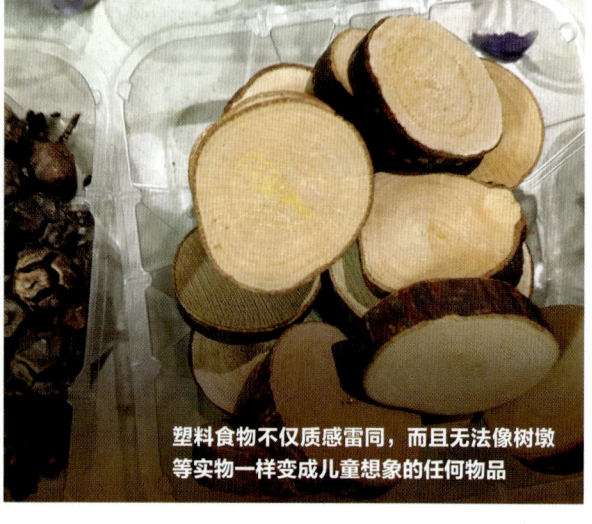

塑料食物不仅质感雷同,而且无法像树墩等实物一样变成儿童想象的任何物品

彩色方巾充当了小块的桌布，桌布上摆着多种真实物品，有茶壶、漏斗和木质切菜板

摇椅、台灯和带蕾丝花边的桌布为这间幼儿教室的环境增添了真实性，而且摇椅是手捧一本故事书安享一段美好时光的绝佳选择

品时，他们就在体验轻重、粗细、光滑或粗糙这些概念。通过摆弄日常物品，儿童也在视觉上学习一些关键的数学概念，比如长短、多少、高矮、相似与差异等。配备真实物品的环境还为拓展儿童的口语和词汇提供了大量机会，因为他们要学习新的词语来描述正在探索的物品——颜色、质地、重量、尺寸等。

瑞士心理学家与儿童发展专家让·皮亚杰（Jean Piaget）认为，当儿童的游戏或者活动涉及物品的物理特性时，他们就在建构关于世界的心理模型。儿童运用真实物品建构心理模型时，学习的效果最好。想要揭示班里儿童正在建构什么样的心理模型，可以将区域中的真实物品列一个清单。真实物品要足够丰富，才能为儿童提供可以带来深度满足感的游戏。巡视一遍教室，仔细考察每个区域，针对区域中的每件物品，问一问自己："这是否是一件真实物品的仿制品？我能否用一件安全的真实物品替换它？"再想一想，娃娃家里是否有超过半数的教具和物品是真实的。环顾整个教室，判断一下哪些是塑料制品，能否以真实物品替换它们。一旦决定了增强哪些区域的真实性之后，你便可以着手添置有趣、新颖的物品，从而激发儿童的好奇心和想象力。

利用开放性材料增强真实性

英国建筑师西蒙·尼克尔森（Simon Nicholson）提出了"开放性材料"（loose parts）一词。尼克尔森相信，获取和利用开放性材料是培养创造力和更高级思维的重要组成部分。开放性材料是指儿童游戏和建构活动中的一系列可用于拓展和延伸儿童思维的自然或人造物品。根据尼克尔森的观点，开放性材料指的是任何一类不用于特定目的的材料，可以方便地进行移动、组合、拆卸、排列、重构，等等。开放性材料由于不预设具体用法和功能，所以对儿童的理解和创造性思维是完全开放的。我们可以把开放性材料看作开启各个年龄段儿童的认知和创造力的一种途径。通过运用用途广泛的开放性材料，儿童将释放内在的创造力，并与同伴一起建构和创作。

> 为儿童提供的可能性越多，儿童的学习动机就越强，体验也就越丰富。
> ——洛里斯·马拉古奇，瑞吉欧教育体系创始人

培养 21 世纪所需的思维能力

将儿童培养成为能够为社会做出积极贡献的高效的公民，是我们教师的责任。在刚刚过去的一段时间里，对成功的劳动者的要求发生了明显的变化——并将继续以惊人的速度改变。

在当今的工作场合中，科技无处不在，这使人们能够在全球范围内迅速地交流和联络。未来的工作场合中将融入高科技，例如，虚拟现实、机器人，以便工作人员在世界各地的办公室中同时展开协作。面对科技的惊人渗透，当务之急是让儿童现在就做好准备，以便成为掌握科技手段的未来劳动者。尽管技术性知识依然非常关键，但很多研究劳动力发展趋势的专家指出，一系列新技能的重要性正在凸显，如创新、解决问题、灵活性和创造力——这些新兴技能又被称为"创新经济"。

开放性材料为儿童的游戏和建构提供了无限的机会,这些机会最终将影响他们创造性地思考和工作的能力。由于开放性材料用途广泛,允许儿童天马行空地进行思考,因此运用开放性材料进行探索将对新一代儿童的发展极为重要。运用开放性材料促使儿童成为深度思考者,有助于推动儿童展开解决问题的复杂进程。开放性材料的独特性也有助于培养儿童的毅力和专注力。

开放性材料最为突出的优势在于,它适用于所有年龄和技能水平的儿童。无论年龄大小、技能水平高低,儿童都可以利用同一套开放性材料进行探索,依据各自的年龄特点、技能水平,尤其是兴趣程度来合理利用。

开放性材料的使用还有助于促进丰富多样的游戏行为,包括社交游戏、戏剧表演游戏、建构游戏、象征游戏甚至规则游戏。由于使用开放性材料时不会预设期待的成果,因此儿童可以很容易地创造自己的游戏和规则。

开放性材料有助于培养儿童的创造力和解决问题的能力

儿童想出如何让开放性材料在黏土中立起来,同时创作出漂亮的艺术作品

七种开放性材料

了解了开放性材料的用处之后,很多教师会问:"从哪里着手呢?"可以从车库、阁楼或地下室开始。找一些儿童乐于探索的物品,将这些物品按质地或材料的类型进行分类,例如,丝线编织类、柳条编织类、金属类以及纺织品类。其中很多东西都有可能成为教室环境中的有用补充,为儿童的探索和发现提供丰富的机会。循环利用物品的好处不仅在于不用花钱,而且很环保,找起来也不麻烦。并且,这些物件通常都有些来历。了解它们在外形、质地、颜色及形态方面的特征,将帮助你确定如何将它们融入教室环境。

> 创造力仅限于天赋极佳的少数人,而其他人则不得不生活在由天才构建的环境中,听天才谱写的音乐,使用天才的发明和艺术作品,欣赏他们创作的诗歌、小说和戏剧。这就是我们的教育体系和文化为我们设定的观念,而这其实是一个社会文化所灌输并延续的谎言。
>
> ——西蒙·尼克尔森,《如何与儿童以诚相待——开放性材料理论》(How Not to Cheat Children: The Theory of Loose Parts)

💡 **安全提示**:选择开放性材料时必须注意安全问题,选择适合儿童年龄和技能水平的材料。

七种开放性材料

自然材料	木制品	塑料	金属制品	陶瓷与玻璃制品	包装材料	织物与丝带
• 叶子	• 桌子腿	• PVC 管	• 窗帘环	• 珠子	• 强力胶带	• 毛根
• 沙土	• 椅子腿	• 光盘盒	• 饼干桶	• 棱镜	• 封箱胶带	• 毛巾

（续表）

自然材料	木制品	塑料	金属制品	陶瓷与玻璃制品	包装材料	织物与丝带
• 小树枝	• 小抽屉	• 吸管	• 锡纸	• 人造宝石	• 标签	• 天鹅绒
• 贝壳	• 画框	• 封口夹	• 螺栓、螺母	• 玻璃弹珠	• 装蛋纸盒	• 灯芯绒
• 松果	• 棋子	• 大塑料箍	• 吸铁石	• 咖啡杯	• 玻璃纸	• 薄纱
• 木片	• 板条箱	• 高尔夫球	• 汽车号牌	• 海玻璃	• 碎纸屑	• 围巾
• 石块	• 晾衣夹	• 塑料杯	• 钥匙环	• 瓷器	• 杂志页面	• 丝绸
• 苔藓	• 木钉	• 塑料串珠	• 锁与钥匙	• 镜子	• 报纸	• 羊毛织物
• 树墩	• 拼图	• 瓶盖	• 金属瓶盖	• 抽屉拉手	• 泡沫塑料	• 缎带
• 橡果	• 木环	• 漏斗	• 易拉罐	• 小瓶子	• 包装纸	• 麻线
• 原木	• 砧板	• 空香料瓶	• 轮毂	• 大玻璃罐	• 硬纸板箱	• 雪纺绸
• 树荚	• 木碗	• 纽扣	• 烛台支架	• 陶瓷杯	• 卫生纸卷轴	• 刺绣线
• 果核	• 木质烛台	• 棒棒糖棍	• 发夹	• 花瓶	• 礼物包装盒	• 粗麻布
• 南瓜	• 软木塞	• 器皿套装	• 门把手	• 玻璃瓶		• 细绳
• 羽毛	• 木质餐巾环	• 锥形筒	• 量杯	• 花盆		• 蕾丝
• 花朵	• 油漆搅拌棒	• 窗帘环	• 针箍	• 瓷砖		• 拉链
• 树皮	• 高尔夫球座	• 烫发卷	• 纱窗网	• 盘子		• 毛毡
• 香蒲	• 多米诺牌	• 胶卷筒	• 链条	• 食品罐		• 丝线
• 板岩	• 红木地板块	• 简餐托盘	• 马铃薯搅拌器			• 纱
• 葫芦	• 线轴和木榫	• 小塑料杯	• 银质器皿与餐具			• 杯垫
• 海绵		• 六联装塑料内托	• 标签和盖子			• 粗绳
• 花岗岩		• 外包装气泡膜	• 手镯与铃铛			
• 八角						

儿童在人行道和自家后院里就能收集自然物品以及用自然材料制作而成的物品，比如柳条篮、木质碗以及柳条编成的盘垫等

塑料物品的颜色、轻重及形状林林总总，家长捐赠是塑料材质的开放性材料的一大来源，当地工厂的边角料中也会有一些有趣的东西

第 6 章　真实性：将日常物品融入教室环境　141

木质物品易于循环利用，它们通常比较大，比如桌子腿、地板片、楼梯护栏竖杆等，可以让房屋建设工地提供下脚料，他们也可能会有一些廉价的回收物品

金属物品的形状、尺寸和质感的类型很多，简单的如螺母、螺栓，复杂的如自行车车轮，金属制品可以提供质感丰富的触觉体验；金属制品通常都有反光的表面和沉甸甸的重量；废旧汽车堆积场是一个能够方便搜罗廉价的金属物品的好地方

陶瓷和玻璃制品有光滑清凉的表面，可供儿童触摸，在二手市场和旧货商店里可以找到很多这类物品

寻找真实的日常物品

寻找真实的日常物品的最大障碍是,转变自己看待日常物品的心态和观念。一种轻松的方法是搜寻有趣的东西。循环利用开放性材料,一大好处就是花费很低甚至完全免费。可以到大自然、自己家、旧货商店、旧物拍卖、邻居家的车库、亲戚家的地下室中寻找,甚至可以在垃圾清理日看一下马路对面的垃圾站。不必花钱购买新品,只要留意旧的、可循环利用的材料就好。寻找可以在教室环境中运用的真实物品,有很多寻宝方法。下次外出或闲逛时,可以考虑能为教室添置点什么。

> 大自然有着天然质朴的美,泥巴、尘土、刺草、天空,到处都是可以利用的开放性材料和探索的机会,有超棒的亲身实践的时刻,也有擦破膝盖的时候。
>
> ——理查德·洛夫,
> 《林间最后的小孩——拯救自然缺失症儿童》

收集生活中的真实物品,最好的方法之一便是求助家长。很多家庭没有财力直接捐赠,但他们很乐意提供家里不用的物品。在收集所需物品时发动家庭参与,有助于增强家长与教师的团结意识和合作精神。

大自然就在我们周围，所以儿童可以方便地收集自然材料。带好纸袋或其他容器，领着孩子们到户外走一走，鼓励他们收集树叶、木棍、松果、树荚、石块或者他们发现的其他东西

儿童家庭的捐赠是获取所需物品的有效资源之一。可以给家长写一封信，列出你最需要的物品。

亲爱的家长：

为了创设教室环境，我们正在收集下列物品。请您在家里、车库、地下室以及阁楼里找一找，您愿意捐赠哪些不用的物品。

谢谢！

- 台布
- 餐巾
- 编织盘垫
- 烛台
- 计数器
- 收银机
- 盘子、碗、杯
- 鱼缸

- 花瓶
- 旧微波炉
- 旧烤箱
- 旧电话
- 手动搅拌器
- 漏斗
- 搅拌碗
- 篮子
- 木碗
- 木勺
- 打字机
- 木架子
- 木凳
- 搁脚凳
- 透明窗帘
- 半透明窗帘
- 蘸盘
- 厨房秤
- 量杯
- 边桌
- 咖啡桌

社区里的旧货商店是搜寻廉价的家居用品和室内装饰的好去处，经常会有新的可免费赠送的物品，常去这些商店逛逛有时候还能发现质量上乘的小件实木家具

家庭旧物出售会也是淘到各类宝贝的好机会，几乎应有尽有。最大的困难在于，从一处出售地点到下一处出售地点会花费不少时间，但提前明确当地社区中家庭旧物出售会的地址便可以节约驾车时间。

当地的一些公司——尤其是制造商或者包装商——可能会有一些剩余物资，乐于捐赠幼儿园。例如，纺织品店可能有卖完布匹后剩下的纸质卷芯；建筑公司或许乐于捐赠多余的木工下脚料或螺栓、螺母；水管工可能会有些 PVC 管余料；包装用品有各种各样的尺寸和形状，在电器商店、杂货店或工厂里都可以找到。

回收家用物品的商店会有房屋拆除后留下的旧的门、窗、门把手、家具、五金工具等。

精心挑选容器

容器可以被看作激发儿童兴趣与活动的视觉对象，要全面深入地理解这个观点，就要认识到，我们选择容器时往往受到长期形成的习以为常的教室设计观念的影响。例如，你可能认为所有材料都应该明确归类、明确标识，或者某种材料只能被投放在教室的某个区域。这些观念无所谓对错，但它们的确影响着我们对容器的选择和布置容器的方式。比如，如果你认为在布置教室时，分类和标识很重要，那么你很有可能会选择传统的分格式架子，而不会选用分类桶。再比如，我们可能在美术区用不同颜色的塑料容器装各类美工用具，但不会想到将这些容器放在其他区域用于其他目的。

某个幼儿园大班的美术区里尽管提供了各种美工材料，但儿童总是选择水粉，不选用其他材料。该区域中各类画材都能让儿童看到，摆放整齐，并按颜色进行分类——红色蜡笔放在红色容器中，黄色蜡笔放在黄色容器中，蓝色蜡笔放在蓝色容器中，以此类推。尽管布置得井井有条,但儿童没有充分利用各类材料,这引发了班上教师的关心,于是她决定重新布置一下这个区域。

她用铰链和螺母、螺栓将插钉板组装成一个三面展示架,将置物篮固定到展示架的不同高度上,里面放上一些白色塑料杯。塑料杯里放着彩色铅笔、蜡笔、粉笔以及其他书写工具。然后,将三面展示架安放到教室中部,让各个区域的儿童都能方便地取用。

放好展示架之后,儿童对美工材料的选用出现了明显的变化,开始主动地使用各类材料。他们走到展示架前,挑选一个杯子,把它放到不同的地方,比如桌面、地板、画架等,尝试使用各种书写工具。儿童行为变化的原因之一是,这种非常规的容器用起来很方便。将材料放到更开放的空间中,使材料取用起来更便捷。儿童不必将手伸到架子深处,冒着碰倒前面其他蜡笔的风险,才能拿到后面的红蜡笔。对这位教师来说,这次经历让她转变了观念,认识到摆放美工用品,重要的不是按颜色分类,

展示架的放置位置打破了传统的习惯,没有将展示架放在艺术区的桌子边,即儿童本该使用架子上的物品的地方;这个展示架本身也不循常规:其中的物品可独出心裁地用于完全不同的目的

---

① 该展示架不再将其中的物品分类存放,而是混在一起。——译者注

而是增强取用的便捷性。

容器至少有两种作用,即储存学习用品和吸引儿童取用用品。如果你从这个角度看待容器,就打开了一片新天地。想一想教室里所有的容器,你立即想到的最可能是教室置物架上或者桌面上的桶和篮子,但容器可不仅限于此。容器可用于激发儿童对其中所盛物品的兴趣和使用热情,理解了这一点之后,在为教室选择容器时,可参考"4C原则"。

- 引起儿童注意的容器(capture children's attention)
- 方便好用的容器(select convenient containers)
- 与活动有关的容器(connect with activities)
- 儿童制作的容器(use child-created containers)

引起儿童注意的容器

为了激发儿童的兴趣,容器中的物品必须一目了然。通过使用侧壁低矮甚至没有侧壁的容器,可以提高容器的可视度。这样的容器不会妨碍儿童观看其中的物品,因而可以极为有效地吸引儿童的注意。像树墩这种虽然不是传统意义上的容器,但它没有侧壁,所以无论盛放什么,都可以立刻引发儿童的好奇心,集中他们的注意力。

另一种没有侧壁的容器是画框。拆掉画框上的玻璃、背板和上面所有的挂线和金属部件。将画框放在桌面上,旁边摆上一篮有趣的物品,儿童就可以运用这个无侧壁的容器开始创作自己的作品了。

还可以用空画框作容器,让儿童摆放自己收集的立体物品。用可清

除的胶条将画框粘到墙上，在框内将儿童收集的物品直接挂到墙上。下面建议了几种适合摆放在教室各个区域的空画框内的三堆物品。

- **建构区**：小号多色木质积木
- **阅读区/安静区**：精装图书或儿童故事书的护封
- **数学/书写区**：大号木质数字/字母
- **美术区**：一系列不同尺寸、类型的画刷

此外，还可以鼓励儿童把他们收集的物品摆放在空画框中。到当地公园、操场甚至家中收集一些自然物品，是一种促进儿童接触教室里无侧壁的容器的方式。他们可以收集各种有趣的自然物品，例如，石块与卵石、树荚与种子以及树皮与树枝等，甚至不需要真正的画框，因为用树枝和木棍就可以很容易地做出画框。

将马克笔、铅笔、蜡笔和油画棒放到塑料杯、果酱罐和盖子里，呈现了一场丰富多彩的视觉盛宴

方便好用的容器

要使儿童的活动具有持续性，就要使所有的容器方便、实用、便于取用。如果容器便于儿童拿取、摆放，方便他们把其中的物品带到教室的其他地方，那么这样的容器便是好用的。如果目标是方便儿童在房间里携带容器，那么就应该选用轻质材料制成的中等尺寸、便于抓握的容器。选用的容器要有儿童可以稳稳地抓握的把手、孔洞或突起。而如果你的目标是让儿童从容器中取用物品，那么应该选用重一些的容器，并有较多的分格、插槽或空间来容纳单个的物品。

黏土烧制的带孔方砖是上佳的盛放小型物品的稳定容器。砖上的孔洞可便于放笔和美工用具，比如剪刀、铅笔、马克笔、打孔机等。这类容器在盛放供多名儿童使用的大量同类物品时，能发挥很好的作用。例

在娃娃家，漂亮的盒子盛放着各种开放性材料

如,一个大号的锡罐,里面装上石块、沙子、干玉米粒或咖啡豆就可以插放尺子或画笔。容器本身十足的重量、尺寸和形状就已经告诉儿童,它必须留在原地。

与活动有关的容器

使儿童保持参与兴趣和热情的办法是,让容器成为课堂活动和存储的组成部分。例如,可以在草莓篮、小号洗衣篮或滤盆中放上布条、彩带、毛根(或称毛条、扭扭条)及细绳等编织材料,并用这个篮筐作为编织的底座;也可以利用从小到大的一组套盒,并在最小的套盒中装一些纽扣,促使儿童主动动手给纽扣按大小分类并分别放入不同尺寸的套盒中;在曲奇盒或烤盘里放入可分类的磁力贴,使容器成为儿童活动的有机部分。

既可容纳材料，又能够推动儿童与材料之间的互动，这样的容器具有很强的实用性，因为它们为如何使用材料和容器直接给出了建议，不需要成人指导或示范、辅导，有利于激发儿童的自主性和积极性。例如，在一个托班中，一位实习教师将一组材料连同容器一并提供给了儿童。容器是一个滤盆，材料是毛根，容器与材料提示儿童将毛根编制在滤盆的孔洞里。该教师根据这个年龄段儿童的注意力时长，预测到这项活动将持续5或10分钟。结果该活动竟然持续了20分钟，儿童始终都在全神贯注地使用容器。

儿童制作的容器

儿童能够制作很多种容器。制作容器，并把这些容器作为礼物赠送给他人，能够推动儿童积极学习和运用美工材料，而且在别人展示和使用这些容器时，儿童也会感到自豪。

用纽扣制作的托盘是一种可以在早期教育环境中使用的容器。制作时，将胶水与沙子混合，把混合后的胶状物压到托盘底部，然后把纽扣

按压到胶水涂层上。此外，也可以用熟石膏来制作。

儿童还可以用干净的微波炉餐盘或者碗来制作容器。将织物、纱线和细线粘到盘子上，做成漂亮的容器。将儿童制作的容器作为教室环境中的重要组成部分，儿童将感到满足和自豪。

选择容器的"4C原则"有一个共同之处，即不循常规。关注到不同寻常之处是人之天性。常规的容器往往令人感觉沉闷，而突破常规的容器则唤起人的活力和兴奋感。现在请实事求是地想一想你的教室中的容器，它们是否既能盛放物品，又能吸引儿童的注意并引发儿童探索其中的物品？这些容器是否不同寻常？能否引发儿童的好奇心？

开始思考教室中的容器时，可以考虑以下问题。	是	否
基本色的塑料容器是否多于用自然材料制成的容器？		
常规容器（例如，盒、罐、篮子等）是否多于非常规容器（例如，无侧壁的容器、其他用途改换而来的以及儿童制作的容器）？		
同类型的容器（例如，透明塑料提包、成套的桶或者篮筐等）是否多于多种花样的容器（例如，尺寸、外形、颜色及材质各不相同）？		

如果以上问题中，你至少有两个问题回答了"是"，那么说明你的确需要反思一下目前教室中所使用的容器了。

一旦从观念上认可了容器的使用目的，即不仅在于容纳物品，也在于引发儿童对容器内物品产生兴趣，那么找到非常规的容器其实并不难。抱着这种新观念到二手市场、旧货商店，或自家的地下室及阁楼里找一找。想一想，如何重新摆放收集来的物品，或换个新用法，将其改造成好用又吸引人的容器。以下建议可以帮助你从新的视角对容器进行思考。

第6章 真实性：将日常物品融入教室环境 153

木质杯子摆放在树墩和编织垫上，构成一套美轮美奂的笔筒

一套放纸牌筹码的盘子充当了一个独特的、基本无侧壁的器皿

一只儿童雨靴成了盛放小号玩具的有趣容器

蛋糕展示架用来放置剪刀和小块纸片，效果不错

分格的硬纸板盒是一个简洁又廉价的容器

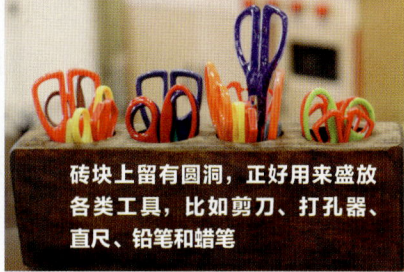
砖块上留有圆洞，正好用来盛放各类工具，比如剪刀、打孔器、直尺、铅笔和蜡笔

油瓶和醋瓶是盛放颜料和彩色墨水的上佳容器

大号玻璃罐结实牢靠，开口大小正适合用来盛放小号的画笔和铅笔

可以将一段原木改造成容器，只需要在木头上打出一些能盛放蜡笔或者马克笔的洞

用一个有分格的盒子盛放颜料瓶和画笔

用小号蛋糕烤盘盛放开放性材料和其他小物件

利用厨房用具和室内装饰品

教室中材料的质量，明显地反映了我们的理念和儿童观——儿童是有能力的还是没有能力的？将儿童看作有能力的个体，就意味着让他们接触真实的材料，由此向儿童传达的信息是：你十分重要，足以与我们分享最美好的一切。

走进一家家居用品店，如果里面全是廉价的塑料制品，而非真实的家居用品，你会感受到一股冷漠、虚假的气息。而如果店里摆放着木质的盘子、金属茶壶、布制餐巾、称手的咖啡杯、杯垫、防热手套以及滤碗等，你就会感受到家一般的温馨。

儿童有能力使用真实的物品，有些情况下，某些易碎品也没有问题，比如盛放马克笔或毛笔的玻璃罐。成人需要做的是温和地指导，并且相信儿童能够学以致用。如果有东西打碎了，那么儿童便有机会学习清扫和吸取拿取方式不当的教训。重要的是，要给儿童足够的空间、时间，让他们接触真实的物品，从而让他们成长为不负所望的、有能力的人。

在戏剧表演游戏区投放真实的厨房用具，能够激发儿童的兴趣，引导儿童参与活动。看一看下图中，教师在餐桌上摆放了带有蕾丝饰巾的亚麻桌布、柳条编成的杯垫、木碗、塑料饮水杯、亚麻餐巾以及真实的银制餐具，这些真实物品有着丰富多样的质地和重量。而且，厨房靠墙的置物架上摆放着金属的食品罐及炊具，可以用于表演游戏。

第 6 章 真实性：将日常物品融入教室环境

有三大类厨房用具：烹调用具、烤箱器皿和餐桌用品。烹调用具用于炉火上，或在准备食材的过程中使用；烤箱器皿用于烤箱内；餐桌用品是指用于用餐和点缀餐桌的物品。这三类厨房用具都可以完好地摆放在幼儿园教室的娃娃家中。

烹调用具

- 酱汁锅
- 煎锅
- 打蛋器
- 量杯
- 火钳
- 竹蒸笼
- 搅拌碗
- 滤器
- 厨房秤
- 抹刀
- 炒锅
- 木勺
- 漏斗
- 马铃薯捣碎机
- 煮蛋锅
- 饼干模具
- 刮刀

烤箱器皿

- 蛋糕烤盘
- 圆环蛋糕烤盘
- 饼锅
- 面包烤盘
- 烤板
- 松饼罐
- 焙盘

餐桌用品

- 玻璃杯和茶杯
- 盘子和碗
- 花瓶
- 托盘
- 餐巾环
- 盘垫
- 镀银餐具
- 桌布
- 餐巾纸

研钵、研杵可以用来探索质地和气味

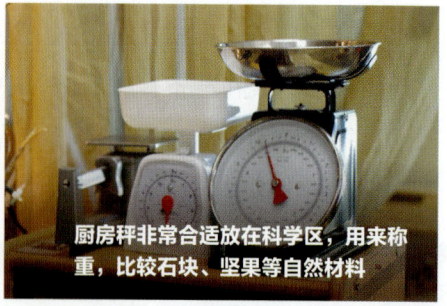
厨房秤非常合适放在科学区,用来称重,比较石块、坚果等自然材料

真实的家具

真实的家具,通常指的是为成人设计的,最初用于家居环境中的家具。在教室中放置一些真实的家具,能够营造一种舒适、温馨的氛围,给儿童创造一个家一般的空间。

咖啡桌变成办公桌

侧桌被改造成厨房

小咖啡桌和椅子充当了和解桌,用于儿童化解冲突

把置物架当作厨房中岛台

侧桌成为一个精美的串珠和彩线收纳台

真实的桌布、木盘、盐瓶和胡椒瓶为戏剧表演区增添了真实性

将一扇门平放,可以充当桌面

真实的针织桌布成为娃娃家的精彩点缀

真实的梳妆台可以促进对话和想象游戏的展开

音响电视柜变成写字台

音响电视柜变成电脑桌和写字台

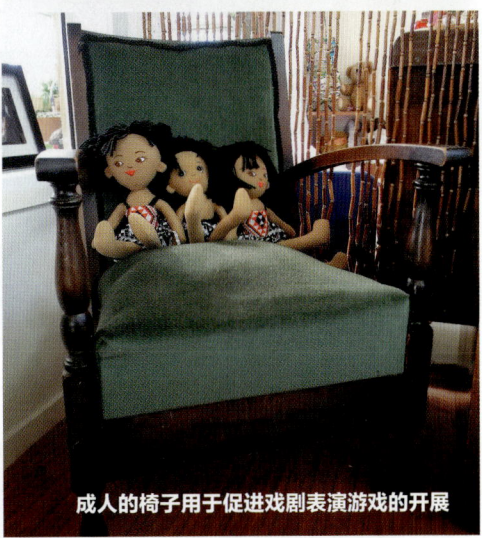
成人的椅子用于促进戏剧表演游戏的开展

座椅的选择

现实生活中,有很多种椅子,如沙发、摇椅、躺椅、沙滩椅、就餐椅、搁脚凳、高脚椅、凳子、秋千、草坪躺椅、助推器座椅、豆袋椅、办公椅、长凳,等等。这些椅子大小不一,高低各异,材质也多种多样,例如,皮革、纺织面料、柳条、木头以及塑料等。颜色五花八门,造型与设计同样千差万别。

想一想自己的家里,有多少可以坐下的地方?是否有几种不同的座椅?做不同的事情时是否会坐不同的椅子,比如看电视时、吃饭时、在计算机前工作时?你有时是否会把椅子移到房间的不同区域,比如聚餐时或者观看电视上的大型比赛时?现实生活中,有很多可以选择且能够灵活运用的座椅。然而,在幼儿园教室中,这个本该温馨、舒适且令人向往的地方——座椅的选择却受到很大的限制。

尽管幼教机构的运营管理条例中规定,为每名有能力独立就座的儿童提供一副座椅,但是除此之外几乎再无其他关于座椅的要求。有些教

在成人的草坪椅上放上枕头和软垫,为儿童创造出一个坐一坐的好去处

室的娃娃家或许会提供一张儿童沙发或无扶手的椅子,有些教室或许会提供一把儿童摇椅或成人摇椅。然而,除了上述这些典型的座椅之外,幼儿园教室中并没有太多可以选择座椅的余地。同成人一样,儿童也需要有选择的机会。应该给儿童多一些选择,尤其是在座椅的选择上。

一提到选择教室中的座椅,我们会不由自主地想到网上的早教用品目录。但实际上,我们还可以在很多地方找到充满趣味、样式丰富而又价格不贵的座椅,不妨留意二手市场、旧货商店、家具拍卖会、当地的家居用品店以及亲友的地下室。

第 7 章
自己动手创设教室环境

家具的改造和再利用

将旧家具改造之后再度利用，不仅节省资金，保护环境，而且可以增强教室环境的真实性。针对实践者的能力水平，本章提供了多种不同复杂程度、旨在改善教室环境的 DIY（do it yourself，即自己动手实践）

设计方案，从入门水平到较高水平的均有。建议读者将这些设计方案作为起点，不要局限于书中提到的做法。将这些做法作为一颗火种，点燃你的潜能，将废旧或破损的家具改造得漂亮且充满真实性，为教室环境锦上添花。

搜寻真实材料的建议

- 留心马路边别人弃置、可以免费取走的废旧家具。即使是一把破旧的椅子，它的椅子腿或许还可以再利用。
- 时常去当地的旧货商店逛逛，看看是否有捐赠的废旧家具。通常只需要花几美元就能买到，甚至完全免费。
- 不拘于固有的看法。一扇柜门坏掉了的床头柜，可以被改造成一张厨房储物桌，或者你能想到的其他家具。
- 请亲戚、朋友找一找他们的车库、阁楼或地下室，有很多东西可供你将它们变废为宝。

利用门窗制作奇趣桌

技能水平：中级

奇趣桌富有吸引力，可以给儿童提供实际动手操作的机会。用一扇旧窗户和一块木制货板，就可以为儿童打造一个聚在一起绘画或者进行研究发现的地方。

材料

- 旧窗户（将玻璃拆除）
- 用有机玻璃代替原有的玻璃
- 货板或胶合板（至少 0.5 英寸[①] 厚）
- 1 英寸 ×6 英寸的木板，木板长度等于窗户的外围总长度
- 螺丝钉
- 木材胶
- 4 条桌子腿及五金件
- 2 条 6 英寸长的铰链
- 1 个 6 英寸长的门闩
- 80 目砂纸
- 1.5 英寸长的钉子
- 胶带
- 油漆

所需工具

- 电钻
- 手动横切锯
- 十字螺丝刀或平口螺丝刀（依照螺丝钉类型）
- 锤子
- 木工直角尺
- 卷尺
- 漆刷

制作步骤

1. 量出窗户的长和宽。该尺寸就是奇趣桌的大小。
2. 按照窗户的长、宽裁一块有机玻

[①] 1 英寸 = 0.0254 米。——译者注

璃（多数售卖有机玻璃的商店会提供切割服务）。

3. 依照窗户的长、宽将木板锯成四块，用于制作桌箱的侧面。较长的两块长度等于窗户的长度，较短的两块长度等于窗户的宽度减去 2 英寸，以便将较短的木板安装到较长的木板内侧。提示：锯木板之前，使用角尺的直角量好，以确保两端方正。

4. 在一个坚实、牢靠的平面上组装木板，例如，平地或桌面上。将短板装在长板内侧，长板末端盖住短板末端。

5. 用胶带将桌箱四角固定在一起。

6. 分别打开四角，将木材胶涂到角的两个相对的面上，然后重新接起来，压实，确保角方正。静置，让胶水固化。

7. 用胶带将桌箱框粘在一起，在木板结合处钻 1.5 英寸深的孔，以便旋入螺丝钉。长板末端应盖住短板末端。

8. 用电钻将螺丝钉旋入钻好的孔中，直至钉头与木板表面齐平。这样，应该能做到窗户与桌箱的尺寸一致，四角方正。

9. 用 80 目砂纸包住木板，将所有粗糙的表面打磨光滑，消除毛刺。
10. 用胶合板等材料制作桌箱的底板，尺寸与桌箱相同。制作底板的木板要足够牢固和厚实，能够承受固定桌子腿的螺丝钉（作者在制作时使用货板作为底板）。
11. 将底板固定到箱框上。在箱框底边滴上一圈木材胶，确保底板和箱框四角方正，将箱框放到底板上，牢固地压合到一起。静置，让胶水固化。
12. 用 1.5 英寸长的钉子将底板钉到箱框上，每条边至少钉 8~10 个钉。
13. 用螺丝钉将安装桌子腿的五金件（购买桌子腿时附带）安装到底板的四角。
14. 安装桌子腿。
15. 按喜爱的风格上漆，晾干。
16. 为防止有机玻璃破裂，使用螺丝钉前先在玻璃边缘每隔 1 英寸打一个导孔。
17. 用螺丝钉将有机玻璃固定到窗框上面。
18. 在合适的位置安装两个铰链和一个锁扣。
19. 在桌箱里放上有趣的自然材料和其他可以找到的物品。

利用床头柜制作厨灶

技能水平：中级

幼儿最喜欢玩表演游戏，爱扮演成人的角色，如家长或从事某种职业的人。可以将床头柜改造成温馨的儿童厨房，要运用真实的炊具和厨房器具。以下将教你如何制作厨灶或洗碗池，但如果床头柜桌面够大，也可以将两者合并制作。

材料

- 床头柜
- 半透明油漆
- 6个"S"形挂钩
- 木材胶
- 2个炉头旋钮
- 2个炉头罩或胶合板
- 钉子和螺丝钉
- 80目砂纸
- 锅、碗、瓢、盆
- 厨房用具，如抹刀、大汤匙和夹钳

所需工具

- 电动砂光机
- 线锯
- 锤子
- 螺丝刀
- 电钻
- 漆刷

制作步骤

1. 用80目砂纸打磨床头柜。
2. 给床头柜上漆，晾干。

3. 用胶合板裁出一个圆面来当作炉头（或制作两个圆面，视床头柜大小而定）。将圆面漆成白色，晾干。或者用两个真实的炉头罩来充当炉头。
4. 在圆面或炉头罩中央钻一个孔，用螺丝钉将其固定到床头柜桌面上。
5. 在炉头旋钮上钻一个直径 0.5 英寸左右的孔，用螺丝钉将旋钮固定到床头柜正面。
6. 在桌子的侧面挂上"S"形挂钩，将锅、碗、瓢、盆等炊具挂在挂钩上。

利用床头柜制作洗碗池

技能水平：中级

材料

- 床头柜
- 80 目砂纸
- 1 英寸 ×8 英寸的胶合板
- 至少有 0.5 英寸高侧壁的不锈钢碗
- 浴室水龙头套件
- 木材胶
- 半透明油漆
- 螺丝钉和钉子

所需工具

- 螺丝刀
- 漆刷
- 电动砂光机
- 线锯
- 锤子
- 电钻

制作步骤

1. 用 80 目砂纸打磨床头柜。
2. 将胶合板切割成合适的形状，做成后挡板。
3. 用螺丝钉或钉子把后挡板固定到床头柜后侧。
4. 给床头柜上漆，晾干。
5. 测量不锈钢碗的尺寸，在床头柜桌面上开一个圆洞，使之能容纳不锈钢碗。洞口直径要比碗的直径略小，大约 0.25 英寸，使碗能够在洞口放稳。
6. 在桌面上打孔，用于安装水龙头。
7. 在床头柜的柜子中打孔，以便装入水龙头的管线。安装混水阀，并将水龙头固定。

利用面包箱制作写字台

技能水平：初级

在书写区，用一个面包箱和一张儿童桌做成的个人写字台，可以激励儿童专心书写。

材料

- 带卷帘的旧面包箱
- 儿童桌
- 120目砂纸
- 透明油漆或白色油漆
- 木材胶
- 十字螺丝钉或平口螺丝钉
- 纸张
- 铅笔
- 蜡笔
- 马克笔

所需工具

- 电钻
- 十字螺丝刀或平口螺丝刀（视螺丝钉而定）

制作步骤

1. 用木材胶和螺丝钉将面包箱固定到桌面上。
2. 用120目砂纸打磨所有部件。
3. 刷透明漆或白漆，晾干。
4. 在面包箱中放入各种书写材料，将这个写字台放到书写区。

利用床头柜制作写字台

技能水平：初级

有时，儿童在安静的空间中能更好地思考和创作。可以将一个床头柜和一张旧桌面拼装起来，作为教室中书写的地方。

材料

- 床头柜
- 木板、旧桌面比床头柜更长更宽的橱柜门
- 2 条桌子腿
- 2 副角码，包括螺丝钉
- 半透明油漆
- 底漆
- 120 目砂纸
- 儿童座椅（视情况选用）
- 十字螺丝钉或平口螺丝钉
- 木材胶

所需工具

- 电钻
- 十字螺丝刀或平口螺丝刀
- 手锯或电锯
- 漆刷

制作步骤

1. 适当切割木板或橱柜门，使其宽度与床头柜相匹配。

2. 将抽屉及其相关五金件从床头柜上拆掉。

3. 截去桌子腿过长的部分，使其与写字台的高度相匹配。

4. 用木材胶和螺丝钉将桌面固定到床头柜上。静置，让胶水固化。

5. 在桌面下方边沿准备安装桌子腿的位置上，用螺丝钉固定两副角码。

6. 安装桌子腿。
7. 用砂纸打磨，上底漆，晾干。
8. 按喜爱的风格上漆，晾干。

利用货板制作日历架

技能水平：初级

货板的功能多样，可被用于制作多种器具。可以利用废旧货板制作可用于互动的日历架，供儿童使用。

材料

- 木制货板
- 2个挂钩
- 42个木制晾衣夹
- 热熔胶棒
- 透明胶带
- 方形纸片
- 钢笔或马克笔

所需工具

- 热熔胶枪

制作步骤

1. 在货板上，测量并用笔画出六行、每行七格的方格。

2. 用热熔胶在每个方格中粘上一个晾衣夹。

3. 请儿童制作一周七天的标签。

4. 用胶带粘在标签上，使标签更经久耐用。将标签适当地贴到货板竖列的顶端。

5. 用螺丝钉在货板的上缘固定两个挂钩，将日历架挂在与儿童的平视视线等高的位置。

利用梯子制作遮篷

技能水平：中级

像梯子这样简单的器具，也能使一处空间充满温馨、迷人的气氛。可以用双层床梯子或其他类型的梯子制作。

材料

- 1 架木梯
- 2 个 "L" 形支架
- 螺栓和螺丝钉
- 胶
- 油漆或木材染色剂
- 轻薄的纺织品
- 闪烁的小灯

所需工具

- 螺丝刀
- 漆刷
- 电钻

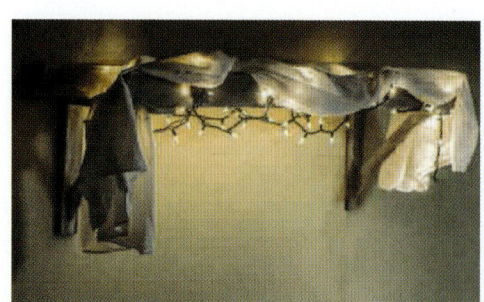

制作步骤

1. 在距梯子两端大概 1/3 处钻导孔。
2. 在梯子钻孔处安装 "L" 形支架。
3. 给梯子上色或上漆，晾干，再刷一层清漆，彻底晾干。
4. 用螺栓和螺丝钉将梯子安装到墙上。
5. 在梯子上搭上纺织品，做成一个遮篷。如果希望有亮晶晶的效果，可以添加闪烁的小灯。

利用板条箱制作置物架

技能水平：初级

物品的放置和储存问题是幼儿园教室中一直存在的问题，可以将板条箱改造成实用且有趣的置物架。

材料

- 6个板条箱
- 胶合板
- 白色油漆
- 木材染色剂
- 半透明清漆
- 钉子，或平口螺丝钉，或十字螺丝钉
- 木材胶
- 120目砂纸

所需工具

- 锤子（如果使用钉子）
- 螺丝刀（如果使用螺丝钉）
- 漆刷
- 砂光机

制作步骤

1. 规划板条箱的排列方式，可以纵向堆叠，也可以横向并排，或者多排并列。

2. 按规划好的方式，将板条箱用木材胶粘好，然后用钉子或螺丝钉连接在一起。

3. 给板条箱上底漆，晾干。

4. 给板条箱上面漆,晾干。
5. 测量连接起来的板条箱的长、宽,按照比板条箱的长、宽稍大一些的尺寸切割胶合板,做成置物架的顶板。
6. 将胶合板放到板条箱上方,使两者后侧边缘平齐,其余三边胶合板略伸出边沿,用木材胶粘好,再用螺丝钉拧紧。静置,让胶水固化。
7. 打磨顶板,上色或上漆,晾干。
8. 待漆晾干之后,在顶板和板条箱上再刷一层清漆,晾干。

利用抽屉制作开放性材料游戏台

技能水平：中级

该创意可以提供存放操作材料和小的开放性材料的空间，同时也可以给儿童提供一个进行设计和建构的平台。利用两个梳妆台抽屉和四条旧桌子腿，就可以制作一个多功能游戏台。

材料

- 2 个抽屉
- 胶合板
- 4 条桌子腿
- 4 副角码
- 角码配套的五金件
- 白色油漆
- 清漆
- 木材胶
- 开放性材料，如拼插块、螺母和螺栓，等等

所需工具

- 锯
- 十字螺丝刀或平口螺丝刀
- 漆刷

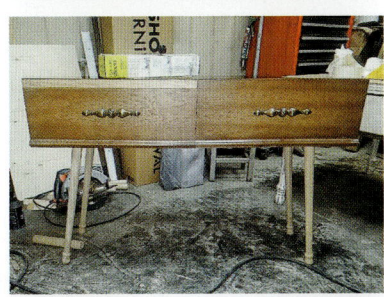

制作步骤

1. 用螺丝钉和木材胶将两个抽屉并排连接起来，两个抽屉要尽量平齐。静置，让胶水固化。
2. 按抽屉的尺寸切割胶合板，制作一张覆盖在抽屉上的面板。

3. 用木材胶将胶合板粘到其中一个抽屉上面。静置，让胶水固化。
4. 用螺丝钉将角码固定到抽屉底部准备安装桌子腿的位置。
5. 用螺丝钉安装和固定桌子腿。
6. 给抽屉内壁上漆，晾干。
7. 全桌涂刷清漆，晾干。
8. 在游戏台开口的一侧放入开放性材料，供儿童进行探索。

利用椅子制作儿童厨房

技能水平：初级

如果有一把仍旧结实、牢靠的旧椅子，那么就可以在上面添加一些旋钮，做成一个儿童厨房。

材料

- 木椅
- 3 块胶合板
- 木材胶
- 120 目砂纸
- 油漆或木材染色剂
- 半透明清漆
- 炉灶旋钮
- 螺丝钉

所需工具

- 锯
- 电钻
- 漆刷

制作步骤

1. 裁三块胶合板。其中两块的长度等于椅背条板的长度，第三块的长度等于椅子前侧两腿外边缘之间的距离。
2. 打磨三块胶合板，刷上清漆，晾干。
3. 找出准备安装到椅子前侧的胶合板，用螺丝钉将炉灶旋钮安装到这块板上。

4. 在胶合板上裁出四个圆环，漆成白色，晾干，用来当作炉头。
5. 将椅背和椅子腿漆成白色，椅座漆成深色，晾干。
6. 用木材胶将炉头粘到椅座上，静置，让胶水固化。
7. 用木材胶将较短的两块胶合板粘到椅背上，静置，让胶水固化。
8. 用木材胶将带旋钮的那块胶合板粘在椅子前侧，紧贴椅座下方。静置，让胶水固化。

利用抽屉制作画架

技能水平：初级

如果教室中需要更多纵向的游戏活动空间，那么可以利用梳妆台的抽屉和椅子腿制作一个别具一格的画架。

材料

- 抽屉
- 2条椅子腿
- 1英寸×4英寸的松木板，4英寸长
- 螺丝钉
- 白色油漆
- 黑板漆

所需工具

- 螺丝刀
- 锯
- 漆刷

制作步骤

1. 拆下一把旧椅子前侧的两条椅子腿。
2. 用木材胶和螺丝钉将椅子腿固定到抽屉上，依据使用的椅子腿类型，将椅子腿固定到抽屉侧面或下面。图中所示是将椅子腿安装在抽屉下面。静置，让胶水固化。
3. 非必要步骤：裁一块1英寸×4英寸的松木板，作为抽屉中间的隔板，用木材胶粘牢，静置，让胶水固化。
4. 将抽屉一侧涂上白漆，另一侧涂上黑板漆，晾干。

利用书架制作图书收纳箱

技能水平：中级

如果你有一个已经松动但还可以利用的书架，那么就用它的部分格子制作一个方便、实用的图书收纳箱。

材料

- 书架
- 胶合板
- 1 英尺 ×1.5 英尺的松木板
- 4 条椅子腿
- 4 副用于安装椅子腿的角码
- 螺丝钉和钉子
- 白色油漆
- 半透明清漆

所需工具

- 锯
- 锤
- 螺丝刀
- 卷尺

制作步骤

1. 将书架背面向下、开口向上放置。
2. 测量第一个格子底部的尺寸。裁四段松木板，做成一个能紧贴格子四面内壁的方框。用胶将木板粘在格子底部。静置，让胶水固化。
3. 对其他格子重复第 2 步。
4. 裁三块胶合板方块，使之能紧密地贴合松木板框。

5. 给胶合板刷上白漆，晾干。
6. 将胶合板钉在松木板框上。
7. 将书架翻转过来，开口朝下放置。在四个角的适当位置安角码，用于安装椅子腿。
8. 用螺丝钉固定椅子腿，然后给椅子腿刷一层清漆，晾干。

结 束 语

有时候，我们觉得自己普普通通，没有过人之处；然而，我们每个人其实都有超越平凡的潜能和力量。为了孩子们的幸福，我们必须努力变得卓越不凡——尤其是在教室里。本书致力于帮助你将一间平凡的教室打造成孩子们生活、成长和学习的非凡空间。

在瑞吉欧教育体系中，这种超越平凡的思想被称为"丰富的常态"（rich normality）。玛吉·库珀（Margie Cooper）在《美是否是一种学习方式》（Is Beauty A Way of Knowing?）一文中指出，"丰富的常态"经常被用来描述瑞吉欧教育环境的本质，其中包括物质、社交、情感和认知方面。希望读者在阅读本书之后，能使"丰富的常态"这一思想扎根在头脑里，体现在教室环境的创设中。希望本书提供的建议、观点和设计方案能激励你超越平凡！

参 考 文 献

Armstrong, Linda. 2012. *Family Child Care Homes: Creative Spaces for Children to Learn*. St. Paul, MN: Redleaf.

Bar, Moshe, and Maital Neta. 2006. "Humans Prefer Curved Visual Objects." *Psychological Science* 17(8): 645–648.

Barrett, Peter, and Lucinda Barrett. 2010. "The Potential of Positive Places: Senses, Brain, and Spaces." *Intelligent Buildings International* 2(3): 218–228.

Barret, Peter, Fay Davies, Yufan Zhaug, and Lucinda Barret.2016. "The Holistic Impact of Classroom Space on Learning in Specific Subjects." *Environment and Behavior* 49(4): 425–451.

Boyatzis, Chris, and Reenu Varghese. 1994. "Children's Emotional Association with Color." *The Journal of Genetic Psychology* 3(1): 77–85.

Buchan, Niki. 2016. *A Practical Guide to Nature-Based Practice*. London, UK: Featherstone.

Carlson, Frances. 2013. "Retail 101." *Exchange* 35(210): 28–30.

Chard, Sylvia, and Yvonne Kogan. 2009. *From My Side: Being a Child*. Lewisville, NC: KPress.

Cooper, Margie. 2009. "Is Beauty a Way of Knowing?" *Innovations in Early Childhood Education: The International Reggio Emilia Exchange* 16(3): 1–9.

Capizzano, Jeffrey, and Regan Main. 2002. "Many Young Children Spend Long Hours in Child Care." *Snapshots III of America's Families*.

Darragh, Johnna. 2008. "The View from the Door: Entryways as an Essential Aspect of Environmental Design." *Exchange* 30(184): 22–25.

Dazkir, Seda, and Marilyn A. Read. 2012. "Furniture Forms and Their Influence on Our Emotional Responses toward Interior Environments." *Environment and Behavior* 44(5): 722–732.

DEC/NAEYC. 2009. *Early Childhood Inclusion: A Joint Position Statement of the Division for Early Childhood (DEC) and the National Association for the Education of Young Children (NAEYC)*. Chapel Hill, NC: The University of North Carolina, FPG Child Development Institute.

Dotseth-Hall, Alycia. 2015. "Making Time for Tummy Time." *Exchange* 37(225): 64–67.

Duncan, Sandra. 2011. "Breaking the Code: Changing Our Thinking about Children's Environments." *Exchange* 33(200): 13–17.

Duncan, Sandra. 2013. "It's Already There: Children's Passion for Learning." *Exchange* 35(214): 51.

Duncan, Sandra. 2014. "Clatter in the Classroom." Community Playthings.

Duncan, Sandra, and Deb Lawrence. 2010. "The Power of Classroom Dispositions." *Exchange* 32(196): 51–54.

Duncan, Sandra, and Mickey MacGillivray. 2014. "Metal: A Perfect Play Material for Children's Improvisation." *Exchange* 36(220): 57–60.

Duncan, Sandra, Jody Martin, and Rebecca Kreth. 2016. *Rethinking the*

Classroom Landscape: Creating Environments that Connect Young Children, Families, and Communities. Lewisville, NC: Gryphon House.

Duncan, Sandra and Michelle Salcedo. 2012. "Are Your Children in Times Square? Moving from Sensory Overload to Sensory Engagement." *Exchange* 208(6): 48–52.

Duncan, Sandra, and Jody Martin. 2018. *Bringing the Outside In: Ideas for Creating Nature-Based Classroom Experiences for Young Children*. Lincoln, NE: Exchange Press.

Edwards, Carolyn, Lella Gandini, and George Forman, eds. 2012. *The Hundred Languages of Children: The Reggio Emilia Experience in Transformation*. Santa Barbara, CA: Praeger.

Engelbrecht, Kathie. 2003. *The Impact of Color on Learning*. Chicago, IL: Perkins and Will.

Epstein, Ann. 2007. *The Intentional Teacher: Choosing the Best Strategies for Young Children's Learning*. Washington, DC: NAEYC.

Fisher, Anna V., Karrie E. Godwin, and Howard Seltman. 2014. "Visual Environment, Attention, Allocation, and Learning in Young Children: When Too Much of a Good Thing May Be Bad." *Psychological Science* 25(7): 1362–1370.

Gaines, Kristi, and Zane Curry. 2011. "The Inclusive Classroom: The Effects of Color on Learning and Behavior." *Journal of Family and Consumer Sciences Education* 29(1): 46–57.

Galinsky, Ellen. 2010. *Mind in the Making: The Seven Essential Life Skills Every Child Needs*. New York, NY: HarperCollins.

Gibson, James. 1986. *The Ecological Approach to Visual Perception*. New York, NY: Psychology Press.

Goldhagen, Sarah. 2017. *Welcome to Your World: How the Built Environment Shapes Our Lives*. New York, NY: HarperCollins.

Greenman, Jim. 2017. *Caring Spaces, Learning Places: Children's Environments That Work!* Lincoln, NE: Exchange Press.

Greenman, Jim. 2004. "*Th*e Experience of Space: The Pleasure of Space." *Exchange* 26: 36–37.

Gussow, Alan. 1972. *A Sense of Place: The Artist and the American Land*. San Francisco, CA: Friends of the Earth.

Hall, Ellen Lynn, and Jennifer Kofkin Rudkin. 2011. *Seen and Heard: Children's Rights in Early Childhood Education*. New York, NY: Teachers College Press.

Healy, Maureen. 2008. "The Color of Emotion: Is Color the First Class in Children's Emotional Health?" *Psychology Today*.

Hiking Research. 2012. "Time in Nature Is the Real 'Smart Drug' Children Need." Blog. Hiking Research.

Hiss, Tony. 1990. *The Experience of Place: A New Way of Looking and Dealing with Our Radically Changing Cities and Countryside*. New York, NY: Knopf.

Inan, Hatice Zeynep. 2009. "The Third Dimension in Preschools: Preschool Environments and Classroom Design." *European Journal of Educational Studies* 1(1): 55–66.

Kalia, Soma. 2013. "Colour and Its Effects in Interior Environment: A Review." *International Journal of Advanced Research in Science and Technology* 2(2): 106–109.

Keeler, Rusty. 2008. *Natural Playscapes: Creating Outdoor Play Environments for the Soul*. Redmond, WA: Exchange Press.

Kritchevsky, Sybil, Elizabeth Prescot, and Lee Walling. 1969. *Planning Environments for Young Children.* Washington, DC: NAEYC.

Kubie, Lawrence S. 1961. *Neurotic Distortion of the Creative Process.* New York, NY: Noonday Press/Farrar, Straus, and Giroux.

Kuller, Rikard, et al. 2006. "The Impact of Light and Colour on Psychological Mood: A Cross-Cultural Study of Indoor Work Environments."*Ergonomics* 49(14): 1496–1507.

Life.ca. 2016. "Plants Significantly Lower Workplace Stress and Enhances Productivity".

Lin, Blossom Yen-Ju, Yung-Kai Lin, Cheng-Chieh Lin, and Tien-Tse Lin. 2013. "Job Autonomy, Its Predispositions, and Its Relation to Work Outcomes in Community Health Centers in Taiwan." *Health Promotion International* 28(2): 167–177.

Logrippo, Ro. 1995. *In My World: Designing Living and Learning Environments for the Young.* New York, NY: John Wiley and Sons.

Lohr, Virginia. 2010. "What Are the Benefits of Plants Indoors and Why Do We Respond Positively to Them?" *Acta Horticulturae* 881(2): 675–682.

Louv, Richard. 2006. *Last Child in the Woods: Saving Our Children from Nature-Deficit Disorder.* Chapel Hill, NC:Algonquin.

Lowenstein, George. 1994. "The Psychology of Curiosity: A Review and Reinterpretation." *Psychological Bulletin* 116(1): 75–98.

Maslow, Abraham. 1954. *Toward a Psychology of Being.* New York, NY: Van Nostrand.

McCurdy, Leyla, Kate Winterbottom, Suril Mehta, and James Roberts. 2010. "Using Nature and Outdoor Activity to Improve Children's Health." *Pediatric and Adolescent Health Care* 40(5): 102–117.

McKim, Robert. 1980. *Experiences in Visual Thinking*. 2nd edition. Pacific Grove, CA: Brooks/Cole.

Miller, Dana L. 2007. "The Seeds of Learning: Young Children Develop Important Skills Through Their Gardening Activities at a Midwestern Early Education Program." *Applied Environmental Education and Communication* 6(1): 49–66.

Moore, Robin, and Allen Cooper. 2014. *Nature Play and Learning Places: Creating and Managing Places Where Children Engage with Nature*. Raleigh, NC: Natural Learning Initiative and Reston, VA: National Wildlife Federation.

Murkof, Heidi. 2014. *What to Expect: The First Year*. 3rd edition. New York, NY: Workman.

NAEYC. 2017. *NAEYC Early Learning Standards and Accreditation Criteria and Guidance for Assessment*.

Nafe, Ellen. 2016. *Impacting Early Childhood Student Challenging Behavior through Improving Learning Environment Aesthetics*. Ft. Myers, FL: Nova Southeastern University.

Nicholson, Simon. 1974. "How Not to Cheat Children: The Theory of Loose Parts." *Landscape Architecture* 62(1): 30–34.

Nielson, Karla, and David Taylor. 2007. *Interiors: An Introduction*. 4th edition. New York, NY: McGraw-Hill Education.

Norman, Don. 2013. *The Design of Everyday Things*. New York, NY: Basic Books.

O'Donohue, John. 2004. *Beauty: The Invisible Embrace*. New York, NY: HarperCollins.

Olds, Anita Rui. 2001. *Child Care Design Guide*. New York, NY: McGraw-

Hill.

Persing, John, et al. 2003. "Prevention and Management of Positional Skull Deformities in Infants." *Pediatrics* 112(1): 1236–1241.

Piaget, Jean. 1936. *The Origins of Intelligence in the Child*. London, UK: Routledge and Kegan Paul.

Nair, Prakash, Randall Fielding, and Jeffrey Lackney. 2014. *The Language of School Design: Design Patterns for 21st Century Schools*. 3rd edition. Cambridge, MA: Harvard Education Publishing Group.

Read, Marilyn, Alan Sugawara, and Jeanette A. Brandt. 1999. "Impact of Space and Color in the Physical Environment on Preschool Children's Cooperative Behavior." *Environment and Behavior* 31(3): 413–428.

Reggio Children. 2004. *Children, Art, Artists: The Expressive Languages of Children, the Artistic Language of Alberto Burri*. Reggio Emilia, IT: Reggio Children.

Reggio Children International Network. 2014. "Manifesto: Reggio Children International Network, February 2014 (Work in Progress)." *Innovations in Early Education: The International Reggio Emilia Exchange* 21(1): 24–25.

Reid, Kate. 2016. "Counting on It: Early Numeracy Development and the Preschool Child." Australian Council for Educational Research.

Rivkin, Mary. 2014.*The Great Outdoors: Advocating for Natural Spaces for Young Children*. Washington, DC: NAEYC.

Rosenow, Nancy. 2012. *Heart-Centered Teaching Inspired by Nature*. Lincoln, NE: Dimensions Educational Research Foundation.

Rushton, Stephen, and Elizabeth Larkin. 2001. "Shaping the Learning Environment: Connecting Developmentally Appropriate Practices to

Brain Research." *Early Childhood Education Journal* 29(1): 25–33.

Salcedo, Michelle. 2018. *Uncovering the Roots of Challenging Behavior: Create Responsive Environments Where Young Children Thrive.* Minneapolis, MN: Free Spirit.

Schauss, Alexander. 1979. "Tranquilizing Effect of Color Reduces Aggressive Behavior and Potential Violence." *Journal of Orthomolecular Psychiatry* 8(4): 218–221.

Schiller, Pam. 2015. "Helping Infant and Toddler Caregivers Optimize Development by Being More Intentional in Their Choices of Activities, Interactions, and Experiences." Poster session. NAEYC Professional Development Institute, New Orleans, LA.

Silvia, Paul. 2006. *Exploring the Psychology of Interest*. New York, NY: Oxford University Press.

Silvia, Paul, and Christopher M. Barona. 2009. "Do People Prefer Curved Objects? Angularity, Expertise, and Aesthetic Preference." *Empirical Studies of the Arts* 27(1): 25–42.

Smith, Takiema Bunche, and Louise Ammentorp. 2013. "From Cinder Blocks to Building Blocks: Creating Beautiful Places in Children's Spaces." *Young Children* 68(4): 8–15.

Sorenson, Dina. 2016. "Strong Evidence Found on the Impact of School Design on Learning." American Institute of Architects.

Sutton, Mary Jo. 2011. "In the Hands and Mind: .e Intersection of Loose Parts and Imagination in Evocative Settings for Young Children." *Children, Youth, and Environment* 21(2): 408–424.

Tarr, Patricia. 2004. "Consider the Walls." *Young Children* 59(3): 88–92.

Taylor, Andrea Fabor, and Francis Kuo. 2009. "Children with Attention

Deficits Concentrate Better after Walk in Park." *Journal of Attention Disorders* 12(5): 402–409.

Topal, Cathy, and Lella Gandini. 1999. *Beautiful Stuff! Learning with Found Materials*. Worcester, MA: Davis.

Ulrich, Roger S. 1979. "Visual Landscapes and Psychological Well-Being." *Landscape Research* 4(1): 17–23.

Ulrich, Roger S. 1981. "Natural versus Urban Scenes." *Environment and Behavior* 13(5): 523–556.

Ulrich, Roger S. 1984. "View through a Window May Influence Recovery from Surgery." *Science* 224(4647): 420–421.

Underhill, Paco. 1999. *Why We Buy: The Science of Shopping*. New York: Simon and Schuster.

U. S. Department of Health and Human Services, Health Resources and Services Administration, Maternal and Child Health Bureau. 2014. *Child Health USA 2014*. Rockville, MD: U. S. Department of Health and Human Services.

Vasandani, Sony. 2015. "Creating Environments that Reduce Children's Stress." *Exchange* 228(6): 40–43.

Verghese, Preeti. 2001. "Visual Search and Attention: A Signal Detection Approach." *Neuron* 31(4): 523–535.

Walker, Morton. 1991. *The Power of Color: The Art and Science of Making Colors Work for You*. New York, NY: Avery.

Wilson, Ruth A. 2010. "Aesthetics and a Sense of Wonder." *Exchange* 32(3): 24–26.

Wilson, Ruth A. 2014. "Beauty in the Lives of Young Children." *Exchange* 36(2): 36–41.

Wolfarth, Harry, and Catherine Sam. 1982. "*The* Effects of Color Psychodynamic Environment Modification upon Psycho- Physiological and Behavioral Reactions of Several Handicapped Children." *International Journal of Biosocial Research* 3(1): 30–38.

Wolverton, B. C. 1997. *How to Grow Fresh Air: 50 Houseplants that Purify Your Home or Office*. New York, NY: Penguin.

"幼儿园区域活动材料丛书"
（全彩）

王微丽　霍力岩　主编

《幼儿园区域活动（第二版）》　　定价：78.00元
《幼儿园语言区材料设计与评价》　定价：60.00元
《幼儿园数学区材料设计与评价》　定价：60.00元
《幼儿园生活区材料设计与评价》　定价：60.00元
《幼儿园科学区材料设计与评价》　定价：60.00元
《幼儿园社会区材料设计与评价》　定价：60.00元
《幼儿园艺术区材料设计与评价》　定价：60.00元

以丛书为代表性成果的研究荣获"广东省教育教学成果（基础教育类）一等奖"

"幼儿园区域活动材料丛书"与《幼儿园区域活动——环境创设与活动设计方法》相得益彰，全面地展示了幼儿园区域环境创设、材料设计与投放、活动开展与评价的方法……

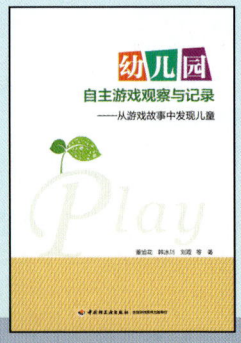

《以游戏为中心的幼儿园课程》

【美】Judith Van Hoorn 等 著
史明洁 等 译
定价：82.00元

美国幼儿游戏研究领域的先驱者，手把手教你如何把游戏故事、游戏理论和幼儿园五大领域课程完美地结合起来。

《幼儿园自主游戏观察与记录
——从游戏故事中发现儿童》（全彩）

董旭花 等 著
定价：58.00元

我国著名幼教专家董旭花老师在这本书中告诉我们——"儿童是有能力、有自信的学习者和沟通者"。

《幼儿园户外环境创设与活动指导》（全彩）

董旭花 等 著
定价：72.00元

国内第一本从理论到实践，系统阐述幼儿园户外环境创设的图书。

《幼儿教育课程》（第四版）

【美】K. E. Catron 等 著 李敏谊 等 译
定价：82.00元

我们不应该把课程看作一个包装好的产品，而应该把它看作一个动态的和发展的过程。

专业图书，陪伴您的专业成长。扫一扫下方二维码，更多优质图书等着您！

万千教育微信公众号

官方微店